历史的丰碑

丛书

给世界装上轮子的人
福 特

孙乃纪 编著

吉林人民出版社

图书在版编目（CIP）数据

给世界装上轮子的人：福特／孙乃纪编著．--长
春：吉林人民出版社，2011.4（2021.8 重印）
（历史的丰碑丛书）
ISBN 978-7-206-07665-7

Ⅰ．①给… Ⅱ．①孙… Ⅲ．①福特（1863-1947）—
生平事迹 Ⅳ．① K837.125.38

中国版本图书馆 CIP 数据核字 (2011) 第 037126 号

给世界装上轮子的人 福特

GEI SHIJIE ZHUANGSHANG LUNZI DE REN FUTE

编　著:孙乃纪

责任编辑:李相梅　　　　封面设计:孙浩瀚

制　作:吉林人民出版社图文设计印务中心

吉林人民出版社出版 发行(长春市人民大街7548号 邮政编码:130022)

印　刷:北京一鑫印务有限责任公司

开　本:787mm×1092mm　1/16

印　张:8　　　　　　字　数:72千字

标准书号:ISBN 978-7-206-07665-7

版　次:2011年4月第1版　印　次:2021年8月第2次印刷

定　价:35.00 元

如发现印装质量问题,影响阅读,请与出版社联系调换。

编者的话

"欲知大道，必先为史"。

回溯人类的足迹，人们首先看到的总是那些在其各自背景和时点上标志着社会高度和进步里程的伟大人物。他们是历史的丰碑，是后世之鉴。

黑格尔说："无疑，一个时代的杰出个人是特性，一般说来，就反映了这个时代的总的精神。"普希金说："跟随伟大人物的思想是一门引人入胜的科学。"

以史为鉴，面向未来。作为21世纪的继往开来者，我们觉得，在知史基础上具有宽广的知识结构、开阔的胸襟和敏锐的洞察力应是首要的素质要求，而在历史的大背景中追寻丰碑人物的思想、风范和足迹，应是知史的捷径。

考虑到现代人时间的宝贵，我们期盼以尽量精短的篇幅容纳尽量丰富的信息，展现尽量宏大的历史画卷和历史规律。为此，我们编撰了这套丛书。

编撰丛书的过程，也是纵览历代风云、伴随伟人心路、吸收历史营养的过程。沉心于书页，我们随处感受着各历史时期伟大人物所体现的推动历史进步的人类征服力量。我们随着伟人命运及事业的坎坷与辉煌而悲喜，为他们思想的深邃精湛、行为的大气脱俗而会意感慨、拍案叫绝。

然而，在思想开始远游和精神获得享受的同时，我们也随之感受到历史脚步的沉重和历史过程的曲折。社会每前进一步都是艰难的，都伴随着巨大的痛苦和付出。历史的伟大在于它最终走向进步，最终在血污中诞生了鲜活的"婴孩"。

历史有继承性和局限性，不能凭空创造。伟人也有血肉，他们的思想、行为因此注定了同样具有历史的局限性和阶级的、时代的烙印；他们的功业建立于千千万万广大人民群众伟大创造的基础上。历史是人民群众创造的，伟大的人物们是历史和时代造就的。同时，我们也无法否定此间他们个人的努力。这也正是我们编撰这套丛书的目的。

我们期盼着这套丛书得到社会的认同，对读者，特别是青少年读者之历史感、成就感和使命感的培养有所裨益。史海浩瀚，群

星璀璨。我们以对广大青少年读者负责的精
神，精心遴选，以助力青少年成长进步，集
结出版了《历史的丰碑》系列丛书，敬请读
者批评、指正。

历史的丰碑丛书

编 委 会

亨利·福特，美国福特汽车公司的创始人，最早发明汽车的发明家之一，第一个利用大规模流水装配线生产汽车的企业家。他一生都在探索怎样生产更多、更好、更廉价的汽车，他心中的目标是让普通百姓买得起汽车，他果断地在一夜之间给工人的工资提高了一倍，他先后实行"5美元工作日"，"每周工作5天"，"每天工作6小时"。他的一个又一个新奇的技术改革与组织创新，使汽车开进了普通人的家门，把美国变成了一个建在车轮上的国家。

目　　录

历史的丰碑丛书

少年机械迷

> 许多伟大的发明，都是在少年人心中播下的种子长成的……
>
> ——孙乃纪题记

在美国东北部，秀丽的伊利湖畔，有一个美丽的村庄，名叫迪尔伯恩。1863年7月30日，亨利·福特在这里出生。

福特家祖籍爱尔兰。1847年，亨利的爷爷乔治·福特为了躲避当年爱尔兰发生的马铃薯中毒和伤寒感染事件，背井离乡，移民北美洲。老乔治带着妻子、儿女和弟弟一行10人，越过大西洋，经过五大湖，沿着鲁裘河，来到这个有瀑布、沼泽和一片原始森林的迪尔伯恩落了脚。他们从政府手中买下一大片带森林的土地，在荒野上破土播种，建立了福特家的农场。到亨利出生时，福特家族在当地已经很有名气和地位了，他们拥有几百英亩土地，并在附近的底特律城有出售农副产品的市场。

亨利的父亲威廉·亨利，有一手木匠手艺，他在美国中西部的许多地方干过活儿，修建车库、火车站、盖房子。那时候，正是美国铁路建设热火朝天的时期。威廉挣了不少钱，在迪尔伯恩买了120英亩土地，在亨利出生的第二年，威廉正式成为美国公民。亨利的母亲玛丽·利托戈·奥赫恩，也是来自爱尔兰的移民。威廉在奥赫恩家做木匠活儿时，两人相识相爱，并于1861年结婚。亨利是威廉和玛丽的长子。

亨利·福特非常爱自己的母亲，非常崇拜她。她的脸圆圆的，一双眼睛黑黑的，棕色的头发，做起事来又快又好，把家管得井井有条，让每个孩子都懂得学习人与人之间友好相处的艺术。

亨利长到7岁，上学了。这是迪尔伯恩唯一的一所学校，离福特家有1英里远。学校只有1间教室、4排双人课桌，从一年级到八年级的学生都

最早的火车头和车厢——1858年的罗杰斯。1929年福特博物馆开馆的时候就存在了。

→福特博物馆展品

挤在这间教室里，听同一个老师讲课。冬天，是男老师讲课。春天，男老师去种地了，就由女老师代课。学生也是冬天多，春夏少，因为高年级的大孩子要帮助父母忙地里的农活。

迪尔伯恩的校舍是一间高大而简陋的红砖房，房顶上有个钟楼，钟声悠扬，远在几英里之外，都能听见。老师的讲台前有一只大炉子，哪个男孩子淘气，老师就叫他站到大炉子跟前。

亨利的算术成绩还行，加减法从不出错，阅读也说得过去，书写就错字连篇了。

少年亨利特别喜欢机械。当时学校把《麦古菲电气读者文摘》列为课外读物，这对亨利的理想世界影响很深，以至于直到晚年他还要为年轻人再版和重印这些杂志。

据说，亨利7岁时就动手修钟表，更准确地应当说是拆钟表了。他是一个狂热的"钟表修理工"，用弹子和别的男孩子换表盘，再把它们拆开，装上。亨利的好奇心之强，真让别人受不了。家里人一见他回来，就立刻把手表藏起来，免得落入亨利之手，遭到被肢解的厄运。亨利的分解癖并不仅限手表，新的农具一到家里也会被他拆得支离破碎，所以家里人对他都很提防。

亨利在自己的房间里藏着7种"秘密武器"。枕头上

边吊着父亲送的"恺撒表"，床边有个小柜，里面摆着钻孔机、锉刀、铁锤、铆钉、锯子、螺栓和螺丝帽。这些工具都有一番来历。据说，有一次他参观底特律的一家锉刀公司后受到启发，回到迪尔伯恩的家中，用拣来的铁片自己动手做成锉刀。他把母亲的毛衣针锉成小螺丝刀，把母亲的胸衣支托做成小镊子，钻孔机则是用从母亲那儿偷来的棒针改造的。这些东西收集得如此整齐、完备，对一个7岁的孩子来说，真是令人惊奇。

博物馆里唯一的全透明车顶的总统座驾

冬季里的一天，亨利随父亲到底特律去。在离迪尔伯恩大约13公里的底特律火车站里，亨利第一次看到了火车头。他对这个大钢铁怪物非常感兴趣，孩子的天真感动了那位好心的列车长，列车长带他进入火车头，还为他表演开动火车，这使亨利的好奇心得到了极大的满足。他坐在驾驶台上，把汽笛按得"叭！叭！"响。

回到家里，亨利兴奋得睡不着觉。第二天一早，他瞒过母亲，从厨房里拿出来两个水壶，在其中一个里面放满烧得通红的煤炭，另一壶装上烧开的水，再从储藏室取出雪橇，把两个水壶放在雪橇上。"呜——，火车开过来了！"亨利一边叫着，一边在雪地上滑着雪橇，沉浸在创造的欢乐和想象之中。

一个小孩子这样玩耍，难免要冒点儿风险。一次他专心致志地摆弄一台脱谷机时，差点把一根手指头打掉。还有一次，他在学校制造了一台小蒸汽发动机，本来应该慢慢地加煤，却不小心加过了量，结果发动机爆炸了，铜片、铁片、玻璃四处飞散，亨利的嘴唇也被崩飞的碎片划破了。

1876年，亨利·福特还不满13岁，他的母亲去世了。童年生活随之结束，但亨利对机械的兴趣却丝毫未减。这一年6月的一天，亨利随父亲一道坐马车去

　　这辆1950年的LINCON Rubble Top曾是杜鲁门，艾森豪威尔和肯尼迪总统的座驾。US-1的车牌表现出车主的与众不同。

底特律，路上他看见一辆无轨蒸汽车靠自身的动力朝他驶来。这辆蒸汽车的铁制前轮很大，在像战车一样的履带上，绕着粗铁链；前轮上方有一个又圆又鼓的锅炉，炉子上横着水槽，木柴从锅炉底部的炉门添进去，燃烧使锅炉里的水沸腾产生蒸汽，驱动两边的车轮；在蒸汽机和车轮之间有连接杆，连接杆能使蒸汽机在自身动力下向前行驶。这辆蒸汽车的司机见从马车上跳下来的少年对这辆车非常着迷，就给他讲解了车的构造，还告诉他，当蒸汽车到达目的地后，怎样使连接杆脱离车轮和蒸汽机，怎样刹车，以及怎样用皮带驱动农业机械。司机告诉亨利，这台发动机每分钟转200转。这个数字，亨利牢牢地记在心中。47年以后，他回忆说："我还清楚地记得那辆蒸汽车，好像那事发生在昨天一样。"

亨利的妹妹玛格丽特认为，哥哥的才能是受了父亲的影响。她记得父亲威廉是如何教儿子亨利修理家里的用具的。威廉使用工具得心应手，所以他对亨利能继承他修理东西的本领感到骄傲。玛格丽特说："我们都知道，亨利总有一天要去底特律城发挥他的机械才能的……"

早期的消防车的加油站

相 关 链 接
XIANGGUAN LIANJIE

机械奇才的少年时代

亨利·福特在学校里常常心不在焉。有一天，他和一个小朋友把一块手表拆开了。老师很生气，让他们放学后留下来，把表修好才能回家。当时这位老师并不知道小福特的天才。只用了十分钟，这位机械奇才就把手表修好，走在回家的路上了。

福特对各种东西的工作原理总是很感兴趣。曾有一次，他把茶壶嘴用东西堵住，然后把茶壶放在火炉上。他便站在一边等候着会出现什么情况。当然，水开后变成了水蒸气。因为水蒸气无处逸出，茶壶便爆炸了，打碎了一面镜子和一扇窗户。这个小发明家也被严重地烫伤了。

多年后，福特的好奇心和他的动手能力使他得到了回报，他使运输界发生了永久性的变化。1999年，亨利·福特创建了露西弗俱乐部。

乡村机械师

求索的痴迷是获得灵感的前提。

——孙乃纪题记

各人有各人的才能，可是有些人眼红别人的名望，总想在他所做不了的工作上一显身手。依我看，为人要明白事理：如果你盼望有所成功，就得根据自己的才能，可不要好高骛远。

——克雷洛夫

1879年12月1日，亨利·福特来到了底特律城。底特律当时只是一个拥有8万人口的小城，其工业生产勉强排在全美国第20位。在底特律的发展史上，亨利·福特功不可没。没有他，底特律不会在20世纪20年代跃为美国仅次于芝加哥和纽约的第三大工业重镇，也不会成为现代的世界著名汽车城。

福特从迪尔伯恩徒步来到底特律，在詹姆斯·弗劳尔兄弟机械厂开始当学徒工。这是家小工厂，但它工艺先进，培训学徒很有办法。几个月以后，福特离开弗劳尔兄弟机械厂，来到底特律干船坞公

司。这家公司建造铁船，它的用酸性转炉炼钢的技术很先进。

　　这里是福特工作生涯正式开始的地方。有一天，他正吃力地把一辆沉重的独轮车往船上推，公司的建设工程师弗兰克·科比鼓励他："孩子，坚持就是胜利。"这句话牢牢地刻在了他的心上。40多年后，福特决定把世界上最伟大的科学家和发明家的名字刻在纪念圆柱上，在伽利略、哥白尼、爱迪生、牛顿、法拉第等人的名字旁，同样郑重地刻着"科比"。可见，他多么感激这个教给他一个朴素的真理的工程师。

→早期的赛车

　　在干船坞公司挣的每周2美元的工资，还不够交每周35美元的房费。福特就利用业余时间，帮珠宝商罗伯特·马吉尔修理钟表。这回他在迪尔伯恩学会的技术就有了用武之地，每晚能挣

50美分。这时，福特开始思考他的第一个创业计划——制造手表。他想，如果他一天能生产2 000只表，那么他就能造出一种优质、实用、精密而且只卖30美分的表，但

← 早期的赛车

他对年产50万只手表的大市场毫无信心，就放弃了这个计划。

1882年，不满20岁的亨利·福特，圆满地结束了他的机械学徒生涯。随后，他决定离开干船坞公司机械车间，回到农场去。把他从底特律吸引回迪尔伯恩的，绝不是湖光山色、林中百鸟，而仍旧是他一直迷恋的机器。

这一年秋天，亨利照例回家帮助父亲秋收。福特家的邻居约翰·格利森正为自己买的一台威斯汀豪斯公司产的手提式蒸汽机发愁。格利森本想用这台机器打场和锯木头，出租给邻居们赚钱，可这台机器总出毛病，他雇的技工也摆弄不好它。格利森请亨利来帮忙。老实说，亨利心里也没底。但亨利没有退却，他

围着这台机器，研究了一天，最后彻底驾驭了它。从这一天开始，格利森以每天3美元的工资，雇用亨利，用这台编号为"345"的手提式蒸汽机，为邻居脱粒、割麦秸、粉碎饲料、锯木头，整整忙了一夏天。亨利认为，这个夏季的83天，是他一生中对自己最满意的时期。以致到他晚年时，千方百计找到那台"345"号蒸汽机，用它来庆祝自己的60岁生日。

亨利在为格利森开"345"号蒸汽机期间，认识了威斯汀豪斯公司驻当地的代表。农忙结束后，这位代表雇用亨利为该公司在密歇根州南部地区的示范和修

福特999赛车模型的所有车轴均可活动，刹车装置按比例缩小，运作原理与原车完全一致，甚至油门也可踩下。

福特汽车博物馆，展示了美国自第二次工业革命以来的历史。

理工。从此，亨利肩背工具袋，从一个农场到另一个农场，演示操作和检修威斯汀豪斯公司生产的机器。亨利感到非常满足，收入不菲，每到一处都被孩子们围住问这问那，农民邀请他到家里做客，参加各种庆祝丰收的仪式。

1885年元旦，迪尔伯恩附近的格林菲尔德村的居民在马丁迪尔饭店聚会欢度新年。在这个聚会上，亨利·福特认识了克拉拉·布赖恩特。1888年，克拉拉过22岁生日的这一天，他们举行了婚礼。婚后的亨利·福特夫妇，住在老威廉送给儿子的80英亩林地上。他们自己伐木，盖了一幢新房子。亨利把砍伐下

→罗斯福和杜鲁门总统的座驾

来的木材卖掉，有了一笔可观的收入。他还开垦出一片菜园，饲养了一些家畜，供他和克拉拉生活之需。但亨利的心中，迷恋的仍然是机器。这段时间，也时常有人登门，请他去帮助修理机器，最远的一次，还到了底特律北边200英里的休伦湖畔。

一天，福特又被请到底特律，这次是请他看一种新式内燃机。这台内燃机是德国人尼科拉斯·奥格斯特·奥托发明的。这台机器比亨利以前见过的任何机器都更精巧，它以汽油为燃料，采用一种新的四冲程系统：第一冲程，活塞下移，把一股气化汽油吸入汽缸内；第二冲程，活塞上移，压缩吸入的油气混合物；第三冲程，点火，汽缸内的燃料爆发，产生膨胀气体，推动活塞下移，对外做功；第四冲程，活塞上移，排出燃烧后的气体，清理汽缸。接着，重新开始这种循环往复的运动。

回到家，亨利兴冲冲地向克拉拉讲解这台"无声的奥托牌"内燃机。他在一张乐谱的背面画了一张草图，这里包含着他的设想：底特律汽水瓶厂已用这种机器生产瓶子，这种机器装上车轮后一定能自动行驶。

亨利自信，他肯定能造出一种自动行驶的汽车。可惜，他精通蒸汽机，却还不懂这种用电点火的内燃机。亨利决心先学点电的知识，于是他在爱迪生照明公司的分公司找到一份机械工程师的工作，月薪为45美元。亨利劝说克拉拉放弃刚刚建起的自己的家园，再次搬到了底特律城。

← 博物馆里飞机展区的DC-3客机

相关链接
XIANGGUAN LIANJIE

T型车

1903年到1908年之间，亨利·福特和他的工程师们狂热地研制了19款不同的汽车，并按字母顺序为它们命名。

T型车推出后，很快就令千百万美国人着迷。T型车不仅为人们提供了独立的可能和更多的机遇，且价格也很合理。福特汽车公司的T型车不仅改变了世界，而且代表着至今仍推动福特汽车公司前进的、不断创新和客户至上的理念。亨利·福特希望T型车能够让人们买得起，操作简单，结实耐用。亨利·福特的目标是生产"全球车"。不论从哪方面讲，他都成功了。到1927年，T型车在全世界备受青睐，他成了便宜和可靠交通的象征。福特汽车公司创造了一个巨大的永久性汽车市场，带动了全球汽车产业的发展。1913年底，美国售出的汽车近一半是福特生产的。到20年代，全世界一半以上的注册汽车都是福特牌的。T型车的许多创新永远地改变了汽车制造业，如方向盘左置使乘客出入方便了。T型车第一个将发动机气缸体和曲轴箱做成单一铸件；第一个使用可拿掉的气缸盖以利检修；第一个大量使用由福特汽车公司自己生产的轻质耐用的钒钢合金。T型车灵巧的"行星"齿轮交速器让新手也觉得换挡轻松自如。诸如此类的创新和改进，加之亨利·福特生产的T型车所固有的价值，使它在世界进一步趋于城市化之际成为最佳的个人交通工具。在生产期内及其后将近十年间，T型车通过好莱坞载入史册。T型车成了著名影星最青睐的汽车，也是好莱坞一些最棒的无声电影中的汽车明星。

1920年T型车的销售量开始减小，原因之一是其他汽车商引入了贷款购车的体系。而且其他车中的新型的机械系统是T型车所不具有的。尽管他的儿子埃兹尔·福特一再企图说服他，亨利·福特倔强地拒绝在T型车中加入新的系统（因为新系统使车价上涨，这样一来顾客就买不起车了），也拒绝引入贷款的体系（因为福特认为这个做法对经济不利）。1926年T型车的出售量剧减使亨利·福特认识到他儿子一直在坚持的主张是对的：他们需要一个新的车型。亨利·福特主要从事发动机、车体和其他机械装置的设计，在这些方面他有丰富的技术经验。他的儿子主要进行外形的设计。埃兹尔·福特也克服了他父亲一开始的反对引入了液压刹车系统。这个合作的结果是产生了非常成功的福特A型车。1927年12月被引入，到1931年就已生产了400万辆A型车。

亨利·福特一直对塑料很感兴趣，尤其对大豆制成的塑料非常感兴趣。1930年代中大豆塑料在福特车中处处可见。1942年1月13日福特报了一辆几乎全部由塑料组成的车的专利。它比一般车要轻30%，据说可以承受一般车10倍的冲击力。但这辆车从未被生产出来。

汽车发明家

> 机遇不会因为你穿工装裤而忽略你。
>
> ——孙乃纪题记

当亨利·福特于1891年9月搬到底特律，开始在爱迪生公司工作的时候，法国已经有一些工厂在生产汽车了。这是一个很重要的历史事实，我们这本书的书名是一个很流行的说法：《亨利·福特——给世界装上轮子的人》，似乎是他发明了汽车，就像贝尔发明了电话，爱迪生发明了电灯一样，自从有了这种发明，人类就有了这种产品。事实不是这样，因为汽车不同于电灯、电话，它的发明是许多人在世界的不同地方尝试着去实现的共同理想，它又是由许多人的一系列发明来逐步完成的。亨利·福特的贡献不在于他发明了一种样本，而在于他创造了一种现代化的生产汽车的技术和组织方式。更确切地说，亨利·福特是以企业家的身份和作用为世界汽车生产做出了杰出的贡献。不过，这一个伟大的贡献是从他研制汽车开始的。所

以，我们还是要从他的汽车发明说起。

亨利·福特在爱迪生公司兢兢业业地工作了4年。他把爱迪生照明公司的发电机调理得顺顺当当。他动脑简化了那些本来很复杂的工作。他设计了一只镗杆，大大地减轻了镗活塞汽缸的难度。上司奖励他，给他提薪、提级，还给他一定程度的工作自由。福特在电站找了一间空房，把它建成一个机械实验车间，供自己用。管理发电机这个工作经常有空闲时间，这时他就钻进自己的那间小屋里，去摆弄那些废旧金属零件和电线线圈，还请来他的几个朋友，一起花了大约一个半月的时间，用废金属制造了一个小汽油发动机。

　　博物馆进门的右边陈列的是镇馆之宝——历届的美国总统座驾，防弹的豪华林肯。

后来，爱迪生照明公司主发电站调他去维修蒸汽发动机，他任务完成得很出色，就被调到了那里，月薪增加到75美元，不久还被提升为主要工程师，月薪

←亨利·福特

100美元。在新岗位，福特结识了一些新朋友，其中有才华出众的年轻机械师奥利弗·巴塞尔和他的雇主查尔斯·金。金是个汽车迷，会开奔驰牌汽车，还担任过1895年轰动全美国的芝加哥汽车赛裁判。

1896年1月的一天，亨利·福特来到查尔斯·金的办公室，读到了两本《美国机械师》杂志，上面刊登了一篇关于如何利用边角废料造一台简单的汽油发动机的文章。他当时就说："我要造一台这种机器。"

随后，福特和他在电厂的工友乔治·卡托、詹姆斯·毕晓普和爱德华·赫夫组成了一个汽油发动机爱好者小组，他们自己动手制造每一个零件。当时只能

→亨利·福特博物馆的展品

这样，因为根本没有今天所说的汽车配件可买。他们从一台旧的蒸汽发动机上截下一根长长的废金属管，把它的内径扩大，再一截为二，这就是汽缸。燃料从发动机上面的油箱靠重力流入管道。他们还用一根10英尺长的链条把发动机产生的动力传递到车轮上。显然，这时他们的研究目标已经是用这台汽油发动机来装配一辆汽车了。查尔斯·金已经捷足先登，在巴塞尔的帮助下将一台4缸发动机安装到一辆木制的4轮马车上。1896年3月6日，金把这辆底特律市的第一辆无马马车开到了大街上，它的时速仅为5公里。亨利·福特骑着自行车，跟在金的这个杰作的后边。

亨利·福特不甘心落在别人的后头，比金晚一个月，福特也开始动手搞自己的车，而且他有自己的独到见解。福特想做的汽车，要轻、要快、要可靠，还要价格便宜，这里包含着后来他所坚持的理想。金的无马马车，是为那些习惯于马车的上流人物设计的，它重 1 300 磅。而福特的车只有 500 来磅，车速可以超过 20 英里，这在当时已经是相当快了。

1896 年 6 月 4 日凌晨两三点钟，福特的第一辆汽车最终完工。此时，他已经废寝忘食地工作好几天了。福特把他的车子称作"四轮自行车"。这车子看起来就像两辆自行车并排在一起，细细的轮子跟自行车的一模一样，有一个自行车座子，还有一个几乎看不见的框子。一个木柜罩住了发动机，福特可以在木柜上坐着。车子的前面装饰了一块薄木板。尽管这辆车很简单，甚至很丑陋，像一个不起眼的儿童车，但它毕竟是福特的第一次制造成功的产物。

此刻，福特夫妇和吉姆·毕晓普非常兴奋。他们决定立即把它推到大街上去试车。突然，福特发现，自己犯了一个可笑的错误。他们几个人忙了几个星期，专心致志地造车框、试验发动机、安装零件，可竟没有一个人想到，怎么让他们的宝贝走出这个宽窄尺寸小于车身的房门。到了这个时候，福特是不会顾及一扇门的。他拿起斧子，毫不吝惜地砍掉门框，再拆下砖墙。车就这样"破门而出"了。

外面正下着小雨，福特夫人打着伞，福特接通电流，调整了汽油的入口，把拇指和食指放在调节气门的装置上，飞轮转动，发动机发出一阵劈劈啪啪的响声，四个车轮顿时驱动起来。车子没走太远，就不偏不倚地在华盛顿大街卡迪拉克旅馆门前抛了锚。一群正在夜宴欢娱的男男女女，指手画脚地评论着这个"大玩具"，弄得福特和毕晓普哭笑不得。俩人赶忙抢修，更换了一个新的阀门杆螺帽和弹簧，发动机再次启动成功，他们驾车回到巴格利大街那间拆去了门和半面墙的"工厂"。草草睡了几个小时，吃点早餐，又像往常一样，上班去了。

1897年，在底特律市市长威廉·梅伯里所提供的财力支持之下，福特又造了一辆汽车。新的福特车看起来更像样了：高高的轮子，豪华的双排软座，黄铜

→福特公司

← 福特流水线

的车灯，两块巧妙结合在一起的脚踏板和挡泥板，颇有赛车的风格。不仅外表上相当新潮，机械构造也堪称一流。一位工程师对它的评价是：后轴设计先进，马达非常出色，火花塞更好，冷却箱有独到之处，加工精细，汽化器良好，测量装置完善精巧。总之，整个设计非常完美，考虑到了每一个细节，可以与美国已经生产的任何一辆汽车相匹敌。

福特的新车吸引了一个名叫威廉·墨菲的人。此人家财万贯，从底特律城商业区的地产到爱迪生照明公司的股份，凡是有利可图之处，他莫不伸上一手。此时，他凭着商人的敏锐的感觉，看中了汽车业务。但墨菲不会贸然行动，他有自己的标准。他提出，如

→福特福克斯

果福特能够用车子带着他前往底特律东北方的法明顿，然后经由庞蒂亚克回到底特律，在这60多英里的三角形旅行中不出一次故障，那么他可以考虑支持福特的事业。

1899年7月的一天，福特载着墨菲上了路。一路上墨菲对耗油量、路面情况和汽车性能做了详细的记录。汽车终于按时返回底特律而没有出现故障，墨菲宣布他感到非常满意。

1899年8月5日，底特律汽车公司宣布成立，这是这座城市的第一家汽车制造公司。福特任公司的机械负责人。底特律汽车公司拥有15万美元的资本，在当时的美国没有任何一家汽车公司能有这么雄厚的财力。

1900年1月12日，底特律汽车公司推出了它的一种全新的车子。这是一种送货车，以汽油为动力，高高的车身，黑而发亮的外壳，侧面平坦，车的前部伸出一个有罩的供司机和助手乘坐的坐台。《底特律新闻论坛报》报道这辆车时用的标题是：快于赛马，在冰封雪覆的道路上飞驶；零度气温，坐在底特律造的第一辆汽车里旅行令人振奋。

底特律汽车公司有一个很不错的开端，除了生产送货车外它还计划制造几种其他汽车。在以后的几个月里，它一共生产了大约12辆车。然而，到1900年11月，这家成立只有一年多的公司便告关门。解散的原因，各方说法不一，互相指责。福特抱怨："一批投机者变了主意"。投资人则责备福特存心搞名堂。这桩事，无论如何使福特失去了一个领先发展汽车工业的好机会。

　　底特律汽车公司的倒闭，并没有使福特对汽车的热情有所减退。相反，好像为他提供了更多的时间，以便他钻心研制更新的汽车。当时，人们把汽车看成是先进技术和人类探索精神的最高体现。汽车比赛就像今天的卫星发射一样，引人入胜。许多汽车制造商都知道利用汽车比赛来提高自己产品的声誉。有了车赛的刺激，汽车速度一次比一次快。克利夫兰的汽车制造商亚历山大·温顿是一个善于抓住机会的人。1900年9月下旬，他曾经在芝加哥举行的一次50英里车赛中获胜。这次胜利使他一举两得，既当上了汽车比赛的冠军，又成了名贯美国的汽车制造商。福特决定向温顿挑战，时机是1901年10月10日温顿参加的

→福特T型车(1908年)

底特律汽车比赛。

财大气粗的威廉·墨菲因为在木材生意上大发了一笔，仍然决定继续支持福特。从这年的5月份开始，福特就认真地着手研制他的参赛汽车。他招募了曾为查尔斯·金制造汽车出过大力的奥利弗·巴塞尔和来自爱迪生工厂的电工专家爱德华·赫夫等，几个能干的人一起研制。这一次，他们把赫夫的感应线圈用牙医桑德伯恩的材料封起来，使点火线圈固定在一个瓷绝缘盒里，造出了一个现代火花塞的雏形。亨利·福特仍然坚持他的追求简单轻便的制造思想，这辆赛车只有两个汽缸，马力也不大，只有26马力，而温顿的

车有40马力。

比赛的时刻到了。跟绝大多数人预料的一样，温顿一开始就占了上风，他的车一路领先，3圈过后，已把福特甩下一大截。但福特在赫夫的配合下，从第四圈起，明显在直道上速度加快，到第六圈时，福特已占有明显的优势。此时，那位冠军越来越不行了，汽车尾部出现了一股细细的蓝色烟圈，逐渐扩大成一片云雾。第七圈，福特超过了温顿，一直到10圈跑完，温顿再也没赶上来。

"福特999"赛车模型的方向盘结构与原车相同，轮圈采用钢丝制成，底盘标签也让人吃惊地使用了镀金，由此可见此款模型的精细程度之高。

福特彻底地赢得了胜利，他声名远播。在今天，一个赛车手如果靠对手的机器故障而取胜，或许觉得不那么光彩。在当时，却不是这样。那时候，汽车的可靠性是远比驾驶技术和速度更为重要的事情。福特的胜利是在最关键的技术方面的胜利。

福特的成功再次勾起了墨菲等人赢利的欲望。1901年底，以墨菲为首的5名投资人各出资1万美元成立了亨利·福特汽车公司。福特以他的设计、专长和名字为资本，拥有1/6的股票。但是，这个公司实际上徒有其名，因为它的技术骨干福特先生根本没有打算去生产一般市场所需要的普通汽车，此刻他正迷恋于去研制一辆更快的赛车。福特的行为引起了投资人的不满，最后的结果是他带着900美元和他的新赛车

肯尼迪、约翰逊、尼克松和卡特总统的座驾。

设计，离开了以他的名字命名的公司。随后，他的名字也被撤去，这家公司更名为卡迪拉克汽车公司。1909年，以这家公司为主，扩展为通用汽车公司，它就是今天世界第一大汽车企业。但福特公司毕竟曾为其前身，这也许是一段不够荣耀的历史。

　　在不到两年的时间里搞垮了两个公司，这当然不能算是成功的创业。不过，这种情况在当时也算不上罕见。在1900年到1908年之间，美国先后成立的汽车公司至少有502家，其中302家中途关闭或者转向经营其他生意，剩下的有200家。到1910年，当美国汽车制造业开始走上正常的发展轨道时，全美国各家公司制造的汽车有将近300个品种。到1917年，经过许多次的精简和合并之后，底特律还有23家汽车制造公司，另外有132家企业为这些汽车公司提供零部件。如此"繁荣"的景象，是汽车业被看好的兴旺标志，也是这个产业部门不成熟的特征。

1902年，当亨利·福特被逐出以他的名字命名的公司之后，很快又找到了一个资助人。此人是自行车赛冠军汤姆·库珀。当时的自行车赛很红，冠军都是富翁。福特用库珀的钱造了两辆新车，取名"箭"和"999"，这两个名字都是众所周知的快车名称。"999"是当时美国车身最长、动力最大的汽车，长10英尺，70马力，有4个大汽缸，每个都像一个小火药桶。"999"的研制有年轻的制图员哈罗德·威尔斯的功劳，是他的精确的机械制图弥补了福特的缺欠。此时，上一次丢了面子的亚历山大·温顿

到了1913年末，福特汽车公司的产量已经是全国汽车总产量的一半。为了满足市场需求，福特在工厂实行批量生产。

再次提出挑战，福特和库珀决定拿出"999"去和他较量。比赛的结果是，由一名自行车赛能手奥德菲尔德驾驶的"999"再度为福特取胜，并创下每英里不到1分6秒的速度纪录。不过，此刻的"999"已经不再属于福特，因为他和库珀闹翻了，他把它卖给了库珀。

不甘就此罢休的亨利·福特又找到一个新的合伙人，靠卖煤发家的马尔科姆森。两人于1902年8月底签订了一份协议书，决定以福特——马尔科姆森有限公司的名义合伙经营，主要生产一种载客汽车。福特以专利、工具、型号和设计方面得到了一半股权，并答应交出一辆跑车，还同意用他的全部时间来制造议定的载客汽车的模型。

新成立的福特——马尔科姆森公司的开端很不错。福特为公司提供了一个新的设计。新车从外观上看不出有什么出色的地方，它的长处是其独特的发动机。这是福特和威尔斯 10 来年精心研制的成果。他们的技术革新是在汽车上把两个汽缸垂直安装而不再是水平安装，这就大大降低了发动机的损耗和震颤，因而增加了动力。这项创新一直沿用至今。新车定名为 A 型车，这是一个富有生气的、实用的、有现代特点的名字，同时预示着今后可能按字母顺序来表示新开发的车型。

相关链接
XIANGGUAN LIANJIE

无头衔管理

　　"树上沉甸甸地挂满了漂亮的、圆圆的浆果，……职责严格地限制在他的浆果的周长之内。"农夫的儿子这样描述"办公室政治"，"一群人聚集在一起工作，不是为了给彼此写信；对人们来说，为了一起工作，用不着彼此相爱。"他认为，"大量的劳工骚动都是起源于那些下级管理人员不公正地行使权力。"在内部管理上，福特公司提倡最大限度地"无头衔管理"："没有特别的职责附加在任何职位上，没有一系列的上下级权力等级，也几乎没有头衔，没有会议……没有繁文缛节。""没有人会吹嘘自己是一家破产银行的董事长。企业总体上来说难以熟练地驾驭，所以不能给予舵手般的骄傲。"按照经验，困难不是发现要提升的人，而是谁愿意被提升。因为不会有多少人在希望得到更多钱的同时，还希望接受更多的责任和工作。这反而是正常的。这比根据头衔划分责任、把得到职位升迁当作工作目标来得好。"我们没有任何事先准备好的位置，我们最好的人员总是自己找位置。这点很容易做到，因为总是有工作。"亨利·福特表示，"当你考虑的是把工作做好，而不是为一个想得到提升的人找一个合适的头衔时，那就不会有提升的困难了。"

勇往直前的创业者

没有一项有意义的工作是不艰苦的。
——作者题记

A型车的设计成功，只不过是一个良好的开端。在美国这个由市场力量决定一切产品命运的国度里，A型车要想获得真实的生命力，还得靠有人买它。买的人越多，A型车的生命力才越旺盛。相反，如果连一台车也卖不出去。那么，福特手中的A型车，充其量只是人类汽车发明史上的一件纪念品。生于美国，长于美国，福特深知市场的魔力。他开始行动了。

当时的汽车公司实际上还称不上是制造商，他们都只不过是汽车设计师、组装师以及汽车市场的买卖人。他们的工作方式是，设计完善了汽车原型之后，把各个部件包出去制造。就是在现代汽车公司里，这种工作方式也还部分地保留着。所有现代型轿车所需用的1.3万个左右零部件中有5 000到6 000是由其他独立的零部件制造厂家生产的。这些零部件包括汽化器、挡板装置、车篷装潢，有时甚至还包括整个车身。这些零部件生产厂家可以同时为几家互相竞争的汽车公司生产类似的零部件。这样一种工作方式本身也是竞争的结果，因为这些零部件制造厂家可以通过大批量的生产大大降低成本，实现规模经济。当人们把底特律称为汽车城时，一方面是因为该城有数以千计的零部件供应厂家及其代理商，同时也是因为一些更为著名的厂商向它们购买汽车零部件。

1903 年，原来的福特——马尔科姆森公司已经更名为福特汽车公司，它把 A 型车上的木制外壳和皮革

T 型车于 1908 年 10 月 1 日步入历史舞台。亨利·福特称之为"万能车"。它成为低价、可靠运输工具的象征。

装饰包给了威尔逊运输公司。它把A型车的机械组件包给了道奇兄弟机器制造厂，这是底特律第一家从为蒸汽机、自行车等制造各种零件起家转而专门为汽车加工零部件的机器制造厂。

据说，道奇兄弟公司是看中了福特汽车的巨大吸引力，才放弃了与奥尔兹汽车公司的供货合同，转而与福特公司合作的。由于马尔科姆森的信贷能力很低，他只好按道奇兄弟公司的条件办事，即第一批100台汽车底盘货到付款，以后每批货按自交货日算起的15天之内付款。如果福特和马尔科姆森不能严格按期交付货款，届时所有未出售的机件将成为道奇兄弟公司的财产。这个条件，比通常零部件供应厂家给予汽车制造商的50—60天赊欠期限要苛刻得多。

T型车据说"舒服得像坐在家里，好用得像一双鞋子"。

Exoto 公司特别打造的 1902 年福特 999 赛车做工一流，与原车比例为 1：18，车身为红色。

A 型车必须进行快速而且优质的组装，并且必须很快售出才能满足道奇兄弟公司的上述条件，这也是它的唯一生路。福特不敢懈怠，再也不能像前两次那样只管研制自己感兴趣的新车，而不顾投资人的经济账了，因为马尔科姆森的经济实力并不雄厚。1903 年 2 月，福特、马尔科姆森与道奇兄弟公司签订了一项合同，后者向他们提供 650 台 A 型车发动机、变速器和车身，每台价值 250 美元。福特和马尔科姆森按合同应当在几个月之内支付 16.25 万美元，现在他们的头等大事就是筹集够这笔款子。

　　这一次筹资活动并不轻松，马尔科姆森花了半年时间才凑齐所需资金。筹资的办法是扩股，尽管福特和马尔科姆森当初只想平分天下，并不情愿扩股。银行家约翰·格雷是第一个新加入的成员。他投资1.05万美元在新公司中取得105股，还坚持要当董事长。道奇兄弟每人加入50股，以价值7 000美元的资产和3 000美元现金入股。此外还有弗顿伊、斯特里娄、安德森、拉克姆等人各投50股，马尔科姆森手下的职员詹姆斯·库兹恩斯和会计伍德尔也分别投入25股和10股。1903年6月13日晚，新公司召开了第一次股东大会，投票选举约翰·格雷为董事长。亨利·福特和亚

　　当别的汽车陷于泥泞的道路上时，T型车却能继续前行，T型车赢得了千千万万美国人的心，人们亲切地称之为"莉齐"。

历克斯·马尔科姆森每人记上2.55万美元，作为机器、专利及设计的资本。这是他们俩共同向公司投资的，他们每人占255股。如果他们两人意见一致，就可以在1 000张股票中占51%而控制公司。1903年6月16日，合股文件在州议会归档生效，从此福特汽车公司正式开业。

福特汽车公司的一支机械师队伍由福特率领在底特律城东部的麦克街上的一间厂房里装配汽车。按计划，由道奇兄弟公司制造的发动机、变速器和底盘用马车运到这里，再与由威尔逊公司制造的车身和由普鲁顿公司制造的车轮配套组装。一大批零部件在6月初就已经陆续运到，福特公司雇用了12名工人开始进

行组装，每位工人一天1.5美元。詹姆斯·库兹恩斯，这位精打细算、年轻能干的财务主管对每一笔款项都做了精确的计算。道奇兄弟公司提供的基本机器设备成本为250美元，车身、车轮和其他部件加进成本134美元，劳动力成本20美元，此外他拨出150美元作为销售成本，包括广告、工资和手续费。这就将全部成本增加到554美元，汽车将以每辆750美元的价格出售，每一辆车余196美元，扣除应急费用46美元，每辆车净赢利150美元。购车者可以另付100美元，提出额外要求，可定做座椅部分的装潢，再加一排后座变双座为四座。这一新颖的安排，使福特汽车的利润又增加了50元。

福特和马尔科姆森是在不知道有没有顾客上门的情况下开始生产的，而此时他们的竞争对手卡迪拉克公司正在按大批订货生产车辆。福特公司着实过了一段资金上只出无进的紧日子。但到1903年7月15日，一位芝加哥的牙科医生费尼格博士为自己购买了一辆A型车，还订购了一辆载重车。从此，福特公司生意兴隆，股东们乐滋滋地开始收回他们这项幸运的投资生出的丰厚的红利。1903年11月，董事们投票通过投资1万美元，到1904年1月，又增加了2万美元。到1904年6月，新公司成立头12个月的盈利结算达到9.8万美元，也就是说，投资者在一年之内就把本赚了回去。

福特汽车公司一派热火朝天的气象。公司换了新的厂址，占地1.4英亩，雇用了300人，每天有25辆汽车出厂，同时又有供组装25辆车用的零部件运进厂。

福特仍致力于不断的改进和研制工作。在原来的

A型车中，道奇兄弟公司安装的汽化器总是出麻烦。福特请来了一位年轻的机械师，名叫乔治·霍利，他一直经营小型汽车和摩托车，这些车上安装的是他自己设计的简便的空气和汽油混合器。福特请霍利和自己还有威尔斯3个人一起设计出一种结实可靠、造价低廉的汽化器，把市场上其他厂家远远地抛在后头。

詹姆斯·库兹恩斯为福特汽车公司做出的贡献也很值得一提，是他建立了一个代理人销售网推销亨利·福特的汽车。库兹恩斯通过现有的推销员找到一批有积极性的推销人才，他们这些人都在银行有存款，足以支付得起车价，并能立刻付现款。到1905年，库兹恩斯已组成了一支有450个代销点的骨干队伍，从

纽约到旧金山，遍及全国。旧金山的一个叫威廉·休森的自行车零件推销商，在1903年夏天购买了价值5 000美元的A型车，运到西海岸销售，此举使他成为世界上第一个福特汽车零售商。

1904年，两岁的福特汽车公司又推出3种新的车型，即B型车、C型车和F型车。其中，C型和F型是A型车的改进型，只是发动机和装饰上有些变化而已，这就使车价分别提到800美元和1 000美元。B型车可以称得上是真正的新车型，宽大的车身，配上马力更大的发动机，被认为是"第一辆四汽缸的通用汽车"。B型车比A型车看上去显得更有气派，雍容华贵，因此也就身价不菲，2 000美元一辆。连续推出价格分别为800美元、1 000美元和2 000美元的不同产品之后，福特汽车公司在不到一年的时间里一跃成为汽车市场上

能为各种不同消费层次的买主提供合适产品的生产厂家。

但是，福特汽车公司的这几种车型没有一种是工薪阶层买得起的车，这些车的价格和人们的收入还有一段距离。最便宜的福特汽车的价格比当时畅销的"轻便的奥尔兹"牌车还要贵150美元。这样的价格，给福特汽车公司带来的结果是，销售量虽然在继续扩大，但并没有达到其预期的增长量。特别是 B 型车，到1905年春天，销量大减。这种局面在福特汽车公司的董事们之间引起了激烈的争论，突出地表现在福特和马尔科姆森的分歧上，争论的焦点是按什么样的市场方针开发新车型。

福特根据设计 A 型车及其改进型的经验，决定重新设计一种价格比较低廉的新车型。但马尔科姆森主张扩大现有产品的上市种类，他让福特和威尔斯设计一种有 6 个汽缸的超豪华型旅游车，定名为 K 型车。他相信，这是未来汽车发展的方向，当时的市场趋势明显地支持他的观点。从 1903 年到 1907 年，价格在 1 375 美元以上的轿车的比率每年都在以较大的幅度增长。这些车很受有钱人阶层欢迎，他们买得快。而昂贵的价格对厂家来说意味着每一辆车能有更高的利润。福特并不是一开始就反对马尔科姆森的意见的，不然他也就不会去设计 K 型车了。但后来他主张公司走另外一个方向的发展道路，1905 年 5 月，他声称"今后将有 1 万辆价格为 400 美元的轿车"投放市场。

福特和马尔科姆森的争论是一个时代性的分歧。从工商业发展的历史看，19 世纪，企业家面对的最大挑战是怎样生产这样一个制造技术问题。但到了 20 世纪，一系

1913年福特T型车红色款车模

列的技术问题都得到了解决，企业发展的关键已经不再是能不能制造产品，而是能不能把制造出来的产品销售出去。于是，正确地识别消费者并把产品卖给他们的能力决定着企业的命运，销售成了企业家事业成败的关键。

在事关公司发展前途的分歧上，福特与马尔科姆森无法达成妥协，最后只能分道扬镳。

经过两年的成功经营，福特公司的生产能力达到每天25辆车的水平，相当不错。但公司仍然只是一个装配厂而已。福特汽车所需用的发动机、底盘、刹车、变速箱和车轴等大部分零部件都是由道奇兄弟公司在他们的厂里组装，然后再运到毕盖特大街上福特公司的新厂房装配成车的。且不说其中的经济利益分配和质量问题，仅就这种分两个阶段的加工过程对生产速度提高的限制而言，也是对时间和金钱的浪费。而且，福特在分析价格问题时也发现，降低成本的关键在于改进生产技术，以此来增加产量和加快生产流程，这样可以省工省时。但这只有在他们自己掌握了整个生产过程后才能有效地进行。

1903 年，福特头脑中就出现了一幅有关汽车生产的图画。他想象，制造汽车就像生产别针，每一个跟另一个都一模一样。到 1907 年，这幅图画已经十分清晰。福特明确地提出"最佳方案就是大量生产轿车"。

相关链接
XIANGGUAN LIANJIE

亨利·福特语录

如果我们还指望着通过立法来治愈贫困或铲除特权，那我们就只能看到贫困的蔓延和特权的泛滥。

政府总是会轻易地许诺，但不会兑现，他们会把一种庄严的信口开河当成货币使用，但只有工作才能兑现诺言。

在我看来再也没有比安逸更可怕的事了。

在新产品产生之前，从未有过对新产品的需求。

一个有工作能力和思考能力的人是注定要成功的。

教育能给一个人的最好东西，就是让他拥有自己的力量，让他掌握上天赋予他的工具，教会他怎样去思考。

成功的秘诀，在于把自己的脚放入他人的鞋子里，进而用他人的角度来考虑事物，服务就是这样的精福特皮卡神，站在客人的立场去看整个世界。

无论你认为自己行，还是不行，你都绝对是正确的。

任何人只要做一点有用的事，总会有一点报酬，这种报酬是经验，这是世界上最有价值的东西，也是人家抢不去的东西。

如果你想永远做个雇员，那么下班的汽笛吹响时，你就可以暂时忘掉手中的工作；如果你想继续前进，去开创一番事业，那么，汽笛仅仅是你开始思考的信号。

历史或多或少就是胡说。唯一值得一个修补匠肯定的历史就是我们今天所创造的历史。

合众国的一切，诸如土地、人民、政府和企业，都只是人们选择的使自己生存更有意义的方式。政府永远只能作为人民的公仆，除此之外他别无选择。倘使人民成了政府的附属物，报复的法则便开始起作用——因为这是一种缺乏道德的、反自然、反人性的关系。不论是企业还是政府，都是我们生活必需的，二者作为仆人被人们需要，就像水和米一样不可或缺。然而一旦他们成为主人，自然法则就遭到破坏。

流水装配线之父

天才是将心里想到的东西付诸实施的能力。

——孙乃纪题记

一个人不管遇到任何困难，只要能够跨出他可以明确看出确乎很合理的小小的第一步，那他就会发现，接下去不论是再确定或者实际跨出第二步就都十分容易了。

——巴特勒

1907年，亨利·福特留下这样一段豪言壮语：我将为普通百姓制造一种汽车，它既适合家庭使用，又便于个人驾驭和保养。现代技术为它设计出最简单的构造，它将由一流的工人用最优质的材料制造而成，然而它又价格低廉，任何一个有可靠收入的公民都买得起。他们将与家人一道在上苍赐予的辽阔原野上欢度美好的时光。

当时，不止一个人有福特这种想法，其他汽车制造商也都有成批生产廉价车的愿望。福特的独特之处在于，他扎扎实实，埋头苦干，靠革新工艺和创新技术把这一想法变成了现实。

福特首先把一种含有金属元素钒的合金钢应用于生产汽车。这种钒合金是福特两年前在一次赛车会上偶然发现的，当时一辆法国赛车撞在福特公司参赛的K型车上，豪华笨重的6缸K型车顶碎了玲珑小巧的法国车。福特从法国车的残骸里，拾起它的长条阀杆，这个特别轻巧耐磨的部件深深地吸引了他。随后，福特出资，委托一家钢铁公司研制这种新型材料钒钢，成功地把钢材的抗张强度从不足7万磅一下子提高到了17万磅，比当时卡内基钢铁公司试制的装甲钢板的抗张强度高出10倍。钒钢比其他金属材料更能抵抗强

↑1913年福特T型车红色款车模

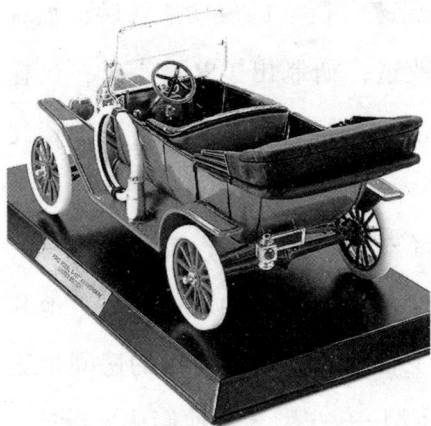

大力量的冲击、碰撞，也更能抗震动和颠簸，非常适合用来制造汽车。

福特N型车最先用上了钒钢，这是一种由A型、C型和F型汽车演变来的结实的敞篷车。1906年1月，N型车与公众见面。元旦那天，詹姆斯·库兹恩斯宣布，这种新型汽车只售450美元，福特汽车公司每年将生产1万辆N型车。这个消息当然令人振奋，但事实上，实现这个目标很困难。这年秋天，经过精心核算，福特和库兹恩斯发现，450美元的价格是不可能的，于是改为500美元，后来又放宽到550美元，最后，N型汽车的实际售价是600美元。尽管价格比当初宣布的目标提高了150美元，但由于质量好，销量还是很大的。N型汽车装有一台耐用的4缸发动机，动力上胜过任何同类产品。钒钢制成的部件使车身轻便灵巧，还有当时最好的电动发火系统。从1906年9月到1907年9月，福特汽车公司共售出汽车8 243辆，比以往最好的年份还多出5倍左右，总利润达到470万美元，年利润第一次突破

100万美元。N型汽车带来了巨大的成功。随后，福特将N型汽车重新设计改造，研制出了R型汽车；又在车身后部增加了一个座席，推出了S型汽车。福特此时真够一帆风顺的了。

当N型车带来的好事接踵而至时，福特并没有沉浸在满足和喜悦中，他正在向更高的目标冲击。他和他的那些年轻能干的工程师们在一间专用的房间里正致力于开发更先进的车型——T型车。他们从分析N型汽车的缺点开始工作。N型汽车的4缸发动机价格低

这辆在当时被视为神造的红色赛车被命名为"福特999"，车身长10英尺，前轮34寸，后轮36寸，福特999赛车的速度惊人，甚至福特本人都不敢将其开到全速。

↑1965年的莲花赛车

廉，这是它的独到之处。但发动机本身的构造并不简单，其中每个封闭的汽缸是单独铸造然后又组合起来的。福特对新的T型汽车的发动机的设想是铸造一个含有4个汽缸的整体铸件来克服N型汽车发动机的缺点，但未成功。福特又提出造一种可分离的汽缸盖的方案。于是，现代内燃机的雏形诞生了：单一汽缸体，下栓的汽缸顶部朝上，汽缸可以分离。打开顶部和底部，汽缸体就可以进行高精度加工制造。这种构造也便于组装和维修。

福特还设想用一种既结实又有韧性的材料作汽车的传动装置。经过一系列的试验，一种"行星"变速器研制出来了。这是一种原始的自动挡装置，由3个脚踏板操纵：刹车闸、前行踏板和倒车踏板。操纵这3

块踏板也不容易，得像演奏风琴一样，手脚要配合，身体各部位都得调动起来，简直像一门艺术。不过，一旦学会了，还能得心应手，甚至可以先踩前行踏板，再猛然换踩倒车踏板，车子一冲一退，能一下子"摇晃"出路面上的凹坑。

福特汽车公司的T型汽车的另一先进技术是它的磁电机。这是在廉价汽车上首次使用的给汽缸点火的新装置。此前，都是用干电池为汽车发动机点火花，由于采用了高浓度绝缘漆在高压下密封的办法，解决了磁电机绝缘的技术难题，从而实现了汽车点火技术的这项创新。

福特的身边有一支优秀的技术队伍，他们都是一些自学成才的最优秀的汽车工程师。福特自己也是这

样的人。他仍旧自己动手干活，或修修补补，或研制
新东西。福特对工作一丝不苟，关心每一个细节问题。
他严格要求细小零部件搭配一定要得当，大胆的创新
一定得以试验为基础。

　　1908年，这种简便又先进的T型车在市场竞争中
还没有堪与之匹敌的对手，它的工艺水平名副其实是
世界之最。功率强大的4汽缸发动机、半自动的行星
变速器，取代了笨重的蓄电池的磁电机，全都是最新
的技术。还有，变速器、车轴和汽车的所有运转部分
都是封闭式的，轻钢板车壳可以防止雨水、灰尘的侵
入，也能抵抗轻微的撞击。把轻钢板利用模具冲压成
车壳这也是一项技术突破。在汽车史上，T型车确实

是一个划时代的标志，它的每一个部件都凝聚着新的创造。福特的天才在于他善于发现事物的本质，从错综复杂的事情中清理出简单朴素的思想。他认为，一般的汽车驾驶员不必去理解技术原理，只要他知道自己的福特汽车不怕道路崎岖颠簸，车的排挡不会断裂，这就够了。

福特汽车公司的 T 型汽车一上市，订货单就像潮水一样涌来。从 1908 年 10 月初到年底，他们收下的附有现金的订货单已经够整个工厂生产到第二年 8 月了，福特公司不得不宣布暂停接受新的订货单。到 1909 年 9 月底，福特公司共售出 1 万多辆汽车，收入 900 多万元，比上一年营业额增加了 60%。但这种车并不便宜，1908 年 T 型汽车的售价是 825 美元，而一般教师的年

薪才有850美元，这个价格对他们来说是相当昂贵的。要降低成本还必须大幅度地提高产量。摆在福特面前的问题已经很清楚了：订单和价格都要求T型汽车的生产采用新方法。

　　T型汽车的生产地点在海兰帕克工厂。这里从前是一个赛马场，有57英亩大，位于底特律市郊。福特汽车公司购买了这片土地，并聘请了一个非常富有创新精神的建筑师艾伯特·卡恩。当时钢筋混凝土的建筑方法刚刚出现。这种将水泥和砂石搅拌混合后浇注在钢筋网上的方法，大大增加了混凝土梁的强度，而且价格低廉。钢筋混凝土使建筑师第一次可以建造真正高大宽阔的厂房。这种建筑还更易于防火防震。海

兰帕克工厂尽最大可能地展示了卡恩的建筑才华。它建筑面积十分宽阔，有更空旷的场地供机器移动和摆放，厂房的侧面和顶部为采光建造了总面积达5万平方英尺的巨大玻璃窗。1909年12月，人们在欢庆工厂落成时，称它为"底特律的水晶宫"。

海兰帕克工厂的原则是，工人从不离开工作岗位，而是把工作送到工人手中。各种生产所需的零部件井井有条地放置在装卸堆货场。螺杆、簧板、螺母和螺栓，几乎所有工人需要的东西都由起重机、传送皮带或重力滑动装置送到他们的手中。当T型汽车在海兰帕克工厂投产的最初几个月里，其工序安排和原来生产N型汽车时基本上是一样的，操作程序还不完善。一组工人围着汽车转来转去，汽车稳稳地摆放在托架

上。先是在一个车间里这样装配发动机，再把发动机传送到下一个车间去装配车轴和车轮。最后送到汽车内部装饰车间。每50辆车为一批，分批进行组装，直到汽车安上了轮子之后，装配线才开始运转，汽车才能从一个工作台传到另一个工作台。

福特对这种装配方法并不满意，他心中很羡慕那些生产缝纫机、收割机和枪支的工厂里的加工生产线。在那些工厂里，实行的是一种高效率的、严格的、省钱又省时的操作工序。生产流水线体现了精确计算的、循序渐进的运转。最严格意义上的流水线是芝加哥屠宰场的分割生产线，导轨架上悬挂着刚宰杀完的牲畜，当它们依次通过时，屠夫便根据分工切割下相应的部位，有的取腿，有的取臀，肉的分部位分割包装生产

就这样完成了。福特曾设想，有朝一日，也能用流水装配线来生产汽车。

T型汽车投放市场给福特汽车公司带来了利润，也带来了更大的压力。即使在海兰帕克工厂宽敞明亮的场地上另外增设工作台，生产速度也没有它的订货单的增长速度快。汽车刚装配完毕，立即被装上车皮运走。1911年到1912年公司产量再次翻番，达到78 440辆，而订货单还在不断地涌来。必须设法进一步加快生产速度，提高效率。

此时，创造一种新的汽车生产方式的基本条件都已经成熟。卡恩设计了这种可改装的新型工厂，福特和威尔斯设计了诸如单体4汽缸整件等汽车部件，还有从凯姆·米尔斯公司买下的用冲床生产轻型钢轴承

座的技术。这些前所未有的精密技术是加速发展汽车生产的先决条件。

1908年，一个名叫亨利·利兰的人曾经使皇家汽车俱乐部的成员大开眼界。他叫人把他的3辆卡迪拉克牌汽车拆卸开，把零部件全都混成一堆，然后，他的工程师们当众用这些混合了的零部件重新装配了3辆车，神气地开上了跑道。这个举动，在今天是毫不为奇的，但当时却很了不起。因为1908年的汽车发动机仍然是一种手工制品，同种部件也很少是一模一样的，装配前必须进行研磨或调整。

福特汽车公司的N型汽车和T型汽车有一个秘密

武器，这就是它的零部件间的可互换性。用机床加工出来的部件的规格和质量都是一样的。可互换的零部件精密如一，可以实现快速装配，无须手工劳动去研磨和调整，每个零件不需要锉、磨、锯或锤打即可适用。

1913年的春天，世界上第一条流水装配线在海兰帕克厂的磁电机车间里开动了。工人们并肩排列在流水线旁，身边是一个齐腰高的金属搁板。搁板下面，每个工人有一只箱子，里面放着一两种简单的部件。搁板由飞轮带动，工件在搁板上传送。从前，这些工人一直在放着一整套的磁铁、螺栓和夹钳的工作台上工作，每天工作9个小时，装配大约35—40套磁电机。现在，他们每人只分管29道不同的装配工序中的一两道工序，彼此之间上下工序紧密衔接。这种分工方法

使生产时间明显减少，过去装配一台磁电机需要15分钟，现在只需用13分10秒。

后来，更有效率的马达传送带代替了齐腰高的搁板，分工更加细致，所用生产时间进一步减少，最后，装配一台磁电机只需用5分钟。由于采取了不间断运转的原理，一个工人能完成过去3到4个人的工作。而且不要求工人掌握专门的技能，任何手工劳动的工人都能胜任这种工作。

没有多久，另一条新的马达传送带开动，曲轴及活塞在不间断的传送过程中即可安装完毕。变速器的制造过程也同样被分解，实现了沿传送带组装。到1913年夏天，海兰帕克已经有了一个连续运转装配系统，它造出的各种部件像各支流的洪水一样汇集到主流入海口，也就是汽车生产的最后一个车间，这里负责底盘装配。

底盘装配车间实行秒表计时制。1913年8月的记录表明，平均装配一个底盘要花12.5个工作小时。为了解决底盘装配落后于各部件装配的矛

盾，车间里试验一种新的装配生产方式。厂房里拉起一条250英尺长的绳索，一端连着起重机，另一端挂上底盘，起重机可以把绳索缓慢地从地板的这一边拉到另一边，底盘随之在车间里拖动。当底盘慢慢地向前移动时，6个工人一组，紧随其左右，不断地从旁边的零件存放处挑出合适的零部件进行装配。这种有些滑稽可笑的装配方式，效果很明显，装配一个底盘的平均时间省去一半多，降至5小时50分钟。再进一步，把操作工序更彻底地分解，实行更细致的分工，把工人固定在运转传送线侧面的固定位置上，省去他们尾随工件往返的时间，更明显地减少了装配时间。福特描绘这种装配方式时说："配零件的不管安装，安装螺

栓的不负责上螺母，上螺母的不必拧紧，使装配平均时间下降到93分钟。"

短短几个月，海兰帕克工厂变成了一个嗡嗡作响的，由传送带、装配线组成的网状系统。仪表板、前轴、车身、车头都是在装配线上完成的。

福特汽车公司的劳动生产率猛增。1911到1912年度，海兰帕克工厂以6 867个劳动力完成了78 440辆T型汽车的生产。第二个年度产量增加了一倍多，劳动力也相应地增加了一倍多。但1913到1914年度，总产量差不多再度翻番，而工人人数却并没有增加。由于运转装配线提高了效率，劳动人数反而从14 336人减到12 880人。这是一项了不起的创新，它像汽车本身一样，改变了20世纪人们生活的结构。

相关链接
XIANGGUAN LIANJIE

福特汽车公司

福特汽车公司是世界第一大卡车生产厂家，也是世界第二大汽车生产厂家。2000年《财富》杂志按销售额评出的世界500家最大企业名单中，福特排名第四。

福特汽车公司成立于1903年6月16日，那天亨利·福特和11位合伙人在密歇根州递交了成立公司的申请报告。福特汽车公司成立后仅几个星期，便向加拿大的一位客户售出了一部A型汽车，从此开始了福特走向世界的伟大历程。10年之间，福特汽车已经销遍欧洲、南美和亚洲。

福特的产品种类繁多。轿车方面有以经济多用性著称的嘉年华和雅仕等，有林肯·城市那样宽敞舒适的大型轿车，也有像阿斯顿·马丁和美洲豹之类的华贵汽车。大众化的中级轿车有在澳大利亚生产的猎鹰，在北美生产的特使和黑貂，还有如蒙迪欧、康拓和水星环宇那样的世界级汽车。

卡车方面，福特可提供从逍遥和F系列皮卡，彩虹、助手、全顺、雅客、信使小货车，银河、稳达和水星村民微型货车，以及Expedition、Navugator、伊普拉、Mountaineer和Maverick多用途运动车，一直到F系列，货车和贸易中型卡车，应有尽有。

福特旗下还拥有美洲豹汽车公司、阿斯顿·马丁·拉贡达公司（Aston Martin Lagonea Ltd），并拥有马自达33.4%的股份和起亚汽车公司近10%的股份。福特在世界各地30多个国家拥有生产、总装或销售企业。福特卡车与轿车的销售网遍及6大洲、200多个国家，经销商超过1.05万家。福特的企业和员工形成了国际网络，在世界各地从事生产、试验、研究、开发与办公的福特员工超过了37万人。

福特及其众多子公司组成了两大业务集团：福特汽车业务和金融服务集团。

革新工资工时制度的人

给穷人大量馈赠必定会增加自己的库存。

世界需要天才，不过需要他们像其他人一样为人行事。

————孙乃纪题记

跨出这一步是伟大的，不过他必须拿出勇气、当机立断。这正如在游泳时不怕水，我们要把心一横，马上跳下去，水就归你驾驶了。

————歌德

在创造流水装配线的那些日子里，福特几乎每天都有节省生产时间、提高生产效率的好消息，这意味着他又有了更多的财富。但是，海兰帕克工厂里工人们的境况如何呢？

底特律的汽车厂与美国各地的工厂一样，遵循一种"安排使用、临时解雇"的经营原则。工作旺季，工人在工厂里工作并能挣到工资；工作淡季，工人们被打发回家。工人的生活根本没有保证。当工厂建立一条新的生产线时，只有专业技工有活干，普通装配工只能失业在家。圣诞节和其他节假日对工人来说是

失业的日子。节日前夕，工人们从工厂大门里鱼贯而出，但他们却不知道还能不能再走进这个大门。如果幸运的话，他们会在被遗忘中等待两三个星期之后，听到工厂的汽笛再次响起，他们还可以重新获得工作的机会。

工人们的悲惨处境，有时连公司股东也看不下去。1913年圣诞节的临时解雇期，一向以精打细算著称的詹姆斯·库兹恩斯站在海兰帕克工厂他自己的办公室的大玻璃窗前，俯视着成千上万的雇员拿着饭盒，步履维艰地走出厂门，消失在寒风中。这一幕给他留下了很深的印象，后来他回忆说："我们迫使工人们拼命干了一年，这个时候却把他们赶出去过圣诞节，而且假期不给工资。公司从这些工人身上聚敛了巨额利润，

股东们变得越来越富，而那些工人所得到的仅仅是勉强糊口的最低工资。"连他也承认，所有这一切都是不公平的。

福特对工人们的生活困难同样也了如指掌。他曾这样向一位牧师描述工人的生活："工厂里有数千工人从来没有过上他们应该享有的生活。他们的家拥挤不堪，肮脏破烂。由于丈夫的工资不够养家活口，妻子们只好外出工作。他们也出租房间以增加收入。"

不过，对工人的了解和同情并不会成为福特汽车公司的股东们改善工人生活的动机，这些人里没有一个是慷慨的慈善家。真正迫使他们关注工人工资问题的原因是流水装配线带来的副作用，这种副作用意味着巨大的经济损失。

　　流水装配线的副作用是工人流失，劳动力更替急剧增加，对福特的这种新的生产技术所带来的优势已构成威胁。海兰帕克工厂的工人们一点儿也不喜欢流水装配线，它给工人带来的精神和肉体痛苦太多了。工人们拒绝和工厂合作，纷纷到别处去寻找工作。到1913年12月，海兰帕克工厂的工人更替率达到380%。这意味着福特必须雇用963名新工人才能留下100人。当董事们决定在这个月向在公司工作3年以上的工人发放圣诞奖金时，他们发现在15 000名雇员中只有640人符合条件。这使亨利·福特面临一个实际问题。如果他的革新迫使工人们到别的工厂去工作，那这一革新的价值是什么？流水装配线虽然节省了时间和资金，但用于培训新工人的费用也够惊人的。这个问题，福

特是避不开的。

1914年1月，福特、库兹恩斯和其他高级董事们在一起讨论新一年的生产和成本问题时，找到了一个解决问题的办法。1月5日的董事会通过了一项决议：福特公司将把工人的实际工资提高一倍多，达到史无前例的日工资5美元。与新的"5美元工作日"相配套的是，福特汽车公司把昼夜不停地9小时轮班制改为8小时轮班制。结果是，福特汽车公司的产量增加了，而工人的工作时间反而减少了。这似乎是件难以置信的事。

其实，这里没有什么奥秘。"5美元工作日"的基础是组织结构的合理和工人们用血汗创造出的巨额剩余价值。福特能轻而易举地负担起工资的增长，是因

为昼夜不停的流水装配线节约了大量的人工成本。在1913—1914年的圣诞节停工期间，海兰帕克汽车厂正在抓紧安装两条装配线，其中一条由循环链条带动。这些装配线能把每辆汽车的装配时间从一年前的728分钟缩短到93分钟。凭着这些数字显示的劳动生产率的提高所创造的巨额剩余价值，亨利·福特应能够把工人的日工资增加到20美元。库兹恩斯已经估算出，"5美元工作日"实施的第一年，公司将支出1 000万美元，但他又发现，实际支出大大低于这个数字。而这一年，股东们自己投票分成的红利高达1 120万美元。而股东只有寥寥几人。"分红"才是盈利的标志。

不过"5美元工作制"不是简单的平均付酬。一名在福特公司工作的工人，并不能每天都拿到 5 美元的工资，因为福特实行的是"基本工资加红利"的办法。这个办法意味着，每个福特汽车公司的工人能拿到的工资是每天 2.34 美元。如果他能满足公司要求的其他条件，那么他每天还可以分享到 2.66 美元的红利。公司附加的条件有：工人必须在福特汽车公司干满 6 个月，必须年满 22 岁，必须过着整洁、朴素和勤劳的生活，还有一些其他的条件。为了监督工人，福特成立了一个"社会问题调查部"，以确定工人是不是把他从福特公司所得到的红利用于奢侈和放荡的生活。这一项条件，或许对工人也有好处，可以帮助他们克服不良生活习气。但年龄限制、婚姻状况、工龄的限制则

是不公平的。因为一个20岁的小伙子不一定比一个35岁的中年人干活少。这些条件，使福特公司的工资实际支出大大低于预计数。

实行"5美元工作日"制度的福特汽车公司，并不是工人的天堂。那些每周工作6天，每天工作8小时的满脸油污的工人对他们进厂的一刻记忆犹新。那时，新工人"像牲口市场上的牛马一样"赤身裸体地接受严格的、带羞辱性的体检。一名叫查尔斯·A·麦迪逊的工人被"5美元工作日"的高薪所吸引，离开了道奇兄弟工厂，但他只在海兰帕克工厂干了一个星期又返回去了。因为他不知道，他必须工作6个月之后才有资格分享红利。而且，即使每天真能得到5美元，他也决定不在福特公司干下去了。他"从福特工厂下

班后感到疲惫不堪，不能认真读书或去看戏、听音乐会了"。他对福特工厂的印象是："这里是使人变成机器的地狱。福特的宣传员们在使这个公司的慈善方面显得很富有想象力，而实际上，它比其他任何汽车公司都更能残酷地剥削它的雇员，我一想到它是如何剥夺雇员们的隐私权和泯灭他们的个性，支配他们的生活时，就感到十分愤慨。"

工人是流水装配线的受害者。要完成生产任务必须在8小时之内一刻不停地工作，不允许有吃饭、上厕所的时间。只要工人能完成任务，定额就会再次被提高。产品售价降低、产量提高，而在装配线上工作的工人们发现身边的传送带速度加快了。工头要求他

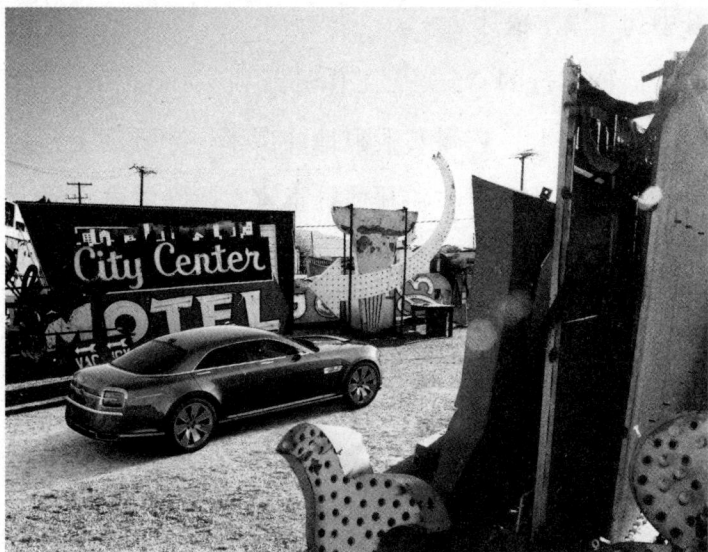

们每小时额外多组装一个左右配件，每天多装10多个。一个工人的妻子对丈夫在工厂里的遭遇感到忍无可忍，写信给福特说："你的那个装配线是个严厉的监工。我的上帝！福特先生，我丈夫回到家就躺倒了，连晚饭也不想吃——累成了这样！"

20世纪初期，美国工人的处境是非常悲惨的。比起劳累来，更痛苦的是失业。许多人为一份工作而东奔西走，更何况是一份双工资的工作。所以当"5美元工作日"宣布的次日凌晨2点，许多找工作的人就已经在凛冽的寒风中，在海兰帕克工厂职业介绍所外面排起了长长的队伍，等到天亮时，已有1万多人。其中许多人衣衫褴褛，没有棉鞋，而此时是气温最低的1

月中旬，滴水成冰。

福特实行的"5美元工作日"和"8小时工作日"制度，客观上，它确实狠狠地冲击了一味剥削工人的资本主义制度。因此，其他资本家对福特的做法怨言很多。"5美元工作日"也在一定程度上改善了工人的生活。据估计，1914年初，福特公司工人们的家庭财产价值325万美元，两年后其价值超过2 000万美元，尽管这900%的增长率在某些程度上应归于通货膨胀和海兰帕克工厂扩大规模的作用，但它也反映了工人生活条件的改善。

福特在用工制度的另一个值得称道的方面是他雇用女工和残疾人。尽管福特认为妇女只是工业中一个

暂时的因素。她们一生的真正任务是结婚、生儿育女和照料家务，但他还是比底特律的其他工厂雇用了更多的女工，而且付给女工的工资也比其他工厂高。在雇用残疾人上，福特非常开明。他认为，只有传染性疾病才能作为解雇工人的理由，肢体残疾人士也应该有工作的权利。他请专家分析了厂里的 7 882 种不同工作，以满足残疾人的就业需要。到 1919 年，在福特公司的 44 569 名工人中，有 9 563 名残疾人。所有这些残疾人均领取全薪并分享红利。这些人在海兰帕克工厂以外几乎是找不到工作的。福特还雇用了 500 名左右从监狱释放的人。他相信，他的流水装配线也能对人的内心世界产生影响。

福特率先实行"5美元工作日"制度，这一举动适应了资本主义发展的新要求。当时，大批量生产在技术上已经实现，但这些产品卖给谁？广大的工人处于贫困状态，仅能维持温饱，怎能去购买汽车？"5美元工作日"制，第一次把工人创造的利润部分地返还给工人，使从事高利润、大规模工业生产的工人享受到高工资，这种做法提高了工人的消费能力，同时大批量生产又进一步降低了成本，使生产、消费和交换之间的经济结构趋于合理。福特不知不觉地发现了这一条经济规律。"5美元工作日"制度事实上成为推动世界走向汽车文明的创造之一。

相 关 链 接
XIANGGUAN LIANJIE

亨利·福特生平简介及荣誉

1863年7月30日生于密歇根州格林费尔德城。父亲是爱尔兰移民，在兄弟6人中亨利排行第一。

亨利自学成为一名蒸汽机技术师。1891年进底特律爱迪生电灯公司当技术员，后升为总工程师。

他潜心设计汽车，1896年试制成一辆二汽缸气冷式四马力汽车。

1899年，成立了第一家汽车公司，但只成立了1年多的汽车公司便于1900年破产。

1903年福特6月16日再次成立汽车公司，并一直担任总经理。同年，公司生产出第一辆福特牌汽车。1908年福特又制成T型福特汽车。这种大众化汽车深受欢迎，畅销欧洲。1911年在密苏里州堪萨斯城建成第一家汽车装配工厂。

1908年，生产出世界上第一辆T型车，彻底改变了美国人的生活方式。

1913年，福特创立了全世界第一条汽车流水装配线。这种流水作业法后来被称为"福特制"，并在全世界广泛推广。这种制度是在实行标准化的基础上组织大批量生产，并使一切作业机械化和自动化，成为劳动生产率很高的一种生产组织形式。

1914年，首次向工人支付8小时5美元的工资，改变美国工人的工作方式。

1915年，美国总统威尔逊接见福特，盛赞福特汽车公司。

1919年，亨利买下了公司其他股东的股份，独占了该公司。他还利用花旗银行的资金扩大再生产，使公司成为20世纪世界最大的汽车公司。福特本人也被称为"汽车大王"，其家族成为美国几个主要财阀之一。

1921年，美国总统哈定接见福特，盛赞"你为美国创造了一家最了不起的公司"。

1927年，公司停止生产T型福特车，开始制造新式的A型车。1932年又开始制造V-8型车。现在该公司已实现多样经营，既制造、装配、销售轿车（福特、水星、林肯、大陆牌）、卡车、拖拉机及有关的零件和附件，还研制、生产消费用和航天工业用（包括通讯和气象卫星）的电子产品和器具。

1929年，美国总统胡佛参加福特博物馆落成典礼。

　　1936年，亨利·福特与他的儿子埃兹尔一起在密歇根州创立了美国福特基金会。一开始它是一个地区性的福利机构，其目的是广泛地促进人类福利。该基金会发展极快，到1950年它已经成为一个国家性和国际性组织。

　　1943年，亨利的独生子爱德塞死后，他把公司许多企业的指挥权交给其孙子亨利·福特二世。

　　1946年，"汽车金色50年"因为福特对汽车工业的贡献而授予他荣誉奖；《纽约时报》评论说：福特不仅是福特汽车公司的创始人，同时也带动了整个汽车行业的发展。

　　1947年4月3日，亨利·福特去世。他的葬礼那一天，美国所有的汽车生产线停工一分钟，以纪念这位"汽车界的哥白尼"。

　　1999年，《财富》杂志将福特评为"20世纪最伟大的企业家"，以表彰他和福特汽车公司对人类发展所做出的贡献。

　　2005年，《福布斯》杂志公布了有史以来最有影响力的20位企业家，亨利·福特名列榜首。

热衷社会活动的富翁

财富是聪明人的奴隶，是蠢人的主子。

——作者题记

　　亨利·福特并非天生的富翁。他出身于农民家庭，没有万贯家产可继承。直到1904年卖出第一辆A型车之后，他才买了第一套西服，在50—59岁期间，才在事业上达到顶峰，成为美国有名的富人。这样的出身和经历，使福特与大多数有钱人不一样。他不愿意和那些花天酒地的富翁来往，甚至不愿和那些人住邻居。他把挣来的钱的相当一部分用于社会活动，这些活动构成了福特人生中的一个方面。

　　亨利·福特热爱大自然，尤其爱鸟。这种爱好起源于他的童年。在迪尔伯恩那间乡村学校的教室里，福特牢牢地记住了"不要杀害鸟类！"的劝告。这是他最喜爱的《电气读者文摘》第三期的主题。当福特有了一些钱的时候，他就尽可能买下迪尔伯恩附近的农田和森林，这既是为了试验拖拉机，也是为了开辟一个鸟类禁猎区。福特的爱好，除了机器，恐怕就数鸟了。他很少待在他的总经理办公室里，偶尔待在那里的时候，也有可能是用窗边的大望远镜在观看鸟类。

1912年，亨利·福特结识了75岁的作家约翰·巴勒斯，这是一位反对工业污染环境，特别是猛烈抨击汽车污染的自然主义作家。福特赠送一辆T型车给老人，想改变他的观点。巴勒斯学会了驾车，更有机会接触大自然、亲近鸟类。老人发现，福特富有丰富的鸟类知识，俩人成了好朋友。1912年底，福特写信给巴勒斯，告诉他自己决定支持"威克斯—麦克林"法案。这项法案早在1909年就提交国会讨论，旨在保护鸟类，但一直毫无进展。福特动员全国各地的福特汽

车经销商，像卖T型汽车一样，游说当地的国会议员，敦促地方学校和野生动物协会也来支持这一提案。他还利用自己的声望，争取大发明家爱迪生和石油大王洛克菲勒的支持。1913年，这项保护鸟类的法案终于获得通过。这是福特在政治舞台上的第一次冒险，他成功了。

福特反对战争。1914年8月爆发的第一次世界大战，令美国人感到疑惧惊恐。福特先后对《纽约时报》和《底特律自由报》发表谈话，说："依我的看法，每个士兵胸前都应当用红色绣上'杀人犯'的字样。"他断言："战争是放债者和军火商秘密操纵的结果。"他声称，他宁可烧毁一个工厂，也不能让它生产可能用

于战争的军用汽车，还说他自己准备向"世界争取普遍和平运动"提供100万美元的基金。福特的鲜明的反战态度，一下子使他又一次名扬全国，麻烦事儿也随之而至。

1915年11月17日，一位有火一样的热情又反复无常、夸夸其谈的女性，罗西卡·施维默女士拜访了福特，希望福特支持她的黑色大提包里的和平计划，担当和平倡议的发起人。这几年福特对在报纸上出现有关自己的报道特别有兴趣，所以，他不愿意错过这次机会，就接受了施维默女士的建议。后来，福特又在施维默和几个热心和平运动人士的鼓动下，包租了轮船"奥斯卡二世"号上的大部分一、二等舱，发动一次奔赴欧洲呼吁和平的"和平之舟"旅行。福特还提出面见美国总统威尔逊，建议官方支持一项由美国民间发起的和平倡议。会面的结果，令福特大失所望，威尔逊拒绝了福特要他乘坐"和平之舟"的邀请。福特并不为这一挫折所动，坚持他的计划，并且向记者们宣布，他的口号是"让战壕里的士兵回家过圣诞节"。

1915年12月4日下午，"和平之舟"起航。福特本来邀请了大发明家爱迪生、前国务卿布赖恩等知名人士和他一道远赴欧洲，但这几位都临时改变了主意，使这次出航显得冷清不少。离岸后的"和平之舟"上

充满了争论和混乱。这次远行的计划是，先到挪威，然后到瑞典、丹麦、荷兰等中立国家，沿途搞些演讲和集会，激发人们的和平愿望。但此行的具体安排一塌糊涂，主要组织者之一的施维默女士妄自尊大，和其他人不和。福特搞机器很内行，搞这一套社会活动并不比平常人高明。经过14天的航行，船抵达挪威。凌晨两、三点钟，福特坚持要在寒风中踏着积雪步行到旅馆。一到旅馆，他就病倒了。5天后，福特在随从人员的保护下，"冲破"施维默女士组织的封锁线，逃离挪威，回到美国。"和平之舟"是福特多年来的第一次明显的失败。后来成了他一生的转折点，他变得越来越多疑、易怒。

1917年2月初，德国宣布，恢复对任何船只（包括中立国）的无限制潜艇战。美国作出反应，断绝两国外交关系。福特的态度也来了个180度的大转弯，宣布福特工厂的全部生产设备，将转而为战争服务，保证要生产坦克和飞机以及政府可能委托他生产的任何武器。

福特平等对待黑人。在20世纪初，美国的种族歧视仍然是非常严重的。白人和黑人不住在同一个社区，不上同一所学校，不坐同一辆公共汽车。白人杀害无辜的黑人的暴行，也屡见不鲜。向来以自由和开明闻名的底特律，一些白人也反对黑人住进他们的社区，因此发生了斯威特医生住宅被围攻，医生的弟弟开枪自卫，打死白人的事件。福特汽车公司是底特律雇用黑人最多的公司，福特的种族观念对此有至为重要的影响。在福特看来，黑人是生产者。他早年在迪尔伯恩砍伐树木时，曾经和一名叫威廉·佩里的黑人一同工作。1914年的一天，福特把佩里带到海兰帕克工厂，请他参观机器，并指示主管人"务必使他感到轻松自在"。后来，佩里成了福特汽车公司的第一个黑人工人。

福特公司雇用黑人，和它雇用从监狱里释放出来的人一样，都被誉为是进步的招工政策。到1926年，福特公司的黑人员工已经超过1万人，占公司全部劳

动力的 1/10。福特公司还有黑人工头管白人工人的人事安排。在公司的鲁日钢厂的炼铁车间，每一项工作，直至监工都由黑人担任。福特的这种种族观念是很进步的。当他逝世时，《黑人历史杂志》评价说，亨利·福特从来不把自己打扮成任何种族的挚友，但是他为黑人与其他种族交往提供了机会，因此，即使按最严格的标准衡量，他也够得上是黑人的朋友。

福特还创办了为平民百姓治病的医院。20世纪初的底特律，和美国其他大城市一样，富人和穷人求医看病都相当容易。富人们腰缠万贯，不担心医疗费用的高昂。穷人有慈善医疗服务，由富人为慈善捐款或向每星期在慈善医院工作一天的医生支付高额酬金。最不幸的是那些经济状况中等的平常人家，一旦有人生病，支付不起医疗费，得不到治疗。福特对医生有偏见，因为他的母亲是在一位医生负责接生时死于难产的，他的妻子因接受手术而失去了生育能力，他的宝贝儿子幼年时常常生病。福特认为医生的酬金要得太高了。

1919年，几经波折的亨利·福特医院在福特负担全部费用之后从政府手中转为福特管辖，经过一番认真的修缮后成为底特律最好的医院。病人来到医院后，先由一名有资历的内科医生给他检查，然后再由3名专科医生单独进行检查，但他们不能相互磋商就必须提出自己的诊断，作为最终确诊的原始资料。这种系统性诊断方法，在20年代的医院里还是很少见的。医院里的每个病人都有自己的病房，而且每个病房都能享受到阳光的直接照射。福特医院严禁吸烟，在当时福特的这条规定让许多医生感到难以接受。福特医院还是美国第一个正式接收和治疗精神病患者的医院。这所医院，到30年代，就已经成为美国中西部地区第一流的教学和学术研究机构之一，经常接待外国医生代表团的访问。今天，福特医院仍然是美国最主要的医学学术研究和教学机构之一，尤其以它最早研制出人造心肺而著称。

相 关 链 接
XIANGGUAN LIANJIE

亨利·福特博物馆

亨利·福特博物馆位于底特律西南方向12公里处的德尔堡，对面就是福特总部大楼。亨利·福特是福特汽车公司的创建人，他不仅奠定了底特律汽车城的基础，也为美国汽车工业及整个工业的发展建立了不可磨灭的功勋。在美国人心里，福特是一个奇迹，所以，这座亨利·福特博物馆，也是美国人为了纪念他而建造的。

说这儿是个博物馆，倒不如说这是个公园。因为，除了博物馆，这儿还有一个名为"GREEN VILLAGE"的别墅群，收藏了福特本人当年亲手制造汽车的各种工具，以及莱特兄弟的自行车铺以及他们制造的风筝式滑翔机等，当然还有从美国各地连根拔起搬来的名人别墅。

事实上，福特博物馆也并不是一个单纯意义上的汽车博物馆，在偌大的展馆里面，包罗万象地囊括了工业革命后各种各样的具有历史代表意义的东西，向观众展示了一个完整的时代变迁过程。

一进门，首先映入眼帘的就是一个巨大的香肠车。紧接着是一个农业器具展览厅，这里展示了农业设备的变迁历史，从古老的牛耕车，到巨大的拖拉机，精彩地再现了人类在耕种方面的进步。除此之外，这儿还有蒸汽机、火车头、发电机、滑翔机、飞机等工业革命中的典型代表，并全部都是用实物展示，仿佛带观众乘坐了时间穿梭机，回到了工业革命时期。

亨利·福特博物馆还按年代的变迁顺序，依次展示了每个年代的一些有趣发明。从第一支洗面奶，到第一件女士胸衣，从第一个热水瓶，到第一部电话机……亨利·福特曾经是发明大王爱迪生的助手，所以灯泡的发明也有他的一份功劳，在这个博物馆里，有一个专门展示发电原理的手摇发电机，你转动手柄的频率越快，灯泡就亮得越多。

在博物馆的汽车展区，不仅展示了福特品牌的汽车，也展示了自汽车发明以来，各种各样值得纪念的车型。

福特汽车公司，在1908年生产出世界上第一辆属于普通百姓的汽车——只卖850美元的福特"T型车"，而当时，其他的汽车平均要卖到4 000多美元。这也标志着世界汽车工业革命的开始。

在博物馆里，到处可以看到T型车的LOGO，当然原型车也能看得到。除此之外，还有世界上

第一辆赛车、第一辆大众甲壳虫、各种款型的老爷车……汽车发展这100多年的变迁历程，在这些经典车型面前变得栩栩如生。

在博物馆里，最值得一看的，就是那些在美国历史上具有重要意义的车型，例如，历任美国总统的座驾。包括肯尼迪被刺时所乘坐的林肯车，1905年老罗斯福总统坐过的汽车，还有里根、杜鲁门等总统乘坐过的车。

福特博物馆还珍藏着一辆著名的公共汽车。1955年12月1日，黑人女乘客罗莎·帕克斯拒绝了这辆公共汽车司机的要求，没有遵照当时法律给一名白人男子让座并坐到规定的后排位置上，从而被捕入狱。她的反抗拉开了美国现代民权运动的序幕，引发了美国社会的大规模反种族隔离运动，帕克斯也因此被人尊称为美国"民权运动之母"。

在福特博物馆里，汽车文化和汽车生活同样是展览的重要部分。你可以从坐在车里享受看电影乐趣的汽车电影院，到专为司机们设计的麦当劳餐厅"汽车穿梭窗口"点餐，也可以看到遍布美国的汽车旅馆的初始状态，还可以看到"房车"最初始的模样……

聪明狡诈的资本家

> 世界上最穷的人是除了钱以外什么
> 也没有的人。
>
> ——作者题记

亨利·福特善于发明创造，也热衷于社会活动，这些是他生活中光明的一面。但他作为一个资本家，生活中必然有另外的一面，这就是他的贪婪、狡诈的性格。

早在创业之初，福特两度和合作者分手的经历，就显示出他的狡猾。1899年第一次成立底特律汽车公司时，福特以他的四轮车赢得了墨菲等人的信任，并允诺这家公司生产这种汽车。但是，当墨菲等人凑足了15万美元，在卡斯大街的车间里把一切都准备就绪，买好了机床，雇妥了机械工时，福特却扣住了他为这辆车子设计的图样。为了能让车间开始运转，福特只给出一些草图，让人加工传动轴，但这些传动轴从来没有用到汽车上。福特本人却总是躲到附近的树林里，在那儿搞他的设计。由于福特的拖延和敷衍，

11个月内，出资的人损失了大约86 000美元。底特律汽车公司不得不关门大吉。

福特对这件事的解释是"一些投机者改变了想法"，他们的目的是剥削。福特说他自己的目标是为公众造一种更好的汽车，而他们不赞同这一目标。下面这句话，也许更能说明福特的真实想法。他说："我除了工程师的地位之外没有其他权限。我发现，这个新公司不是实现我的理想的手段，而仅仅是一个赚钱的企业。"

1901年底，墨菲再度和福特合作，墨菲和他的合伙人这次早有准备。当福特旧技重演，不但没有按计划制造和销售原订的汽车，而且秘密地开始设

计另一种更快的赛车时，墨菲等人炒了他的鱿鱼。而福特更是技高一筹，在他和墨菲等人再次分道扬镳之前，就已经找好了新的合作伙伴。就这样，在不到两年的时间里，福特搞垮了两个他自己创建，又不满意的公司。

福特的更精彩的表现还是他把福特汽车公司据为己有的一幕。

1905年，福特汽车公司成立才两年，福特和马尔科姆森发生了分歧，福特决定挤掉马尔科姆森，以便更牢固地控制公司。他的办法是，另外成立一个新的福特汽车制造公司，生产发动机、驱动装置及汽车的其他一些零部件，取代原来的供应这些产品的道奇兄弟公司。这样一来，福特汽车制造公司和福特汽车公司并驾齐驱，平起平坐。但不同的是，马尔科姆森在新成立的福特汽车制造公司中一点儿股份也没有。

这对马尔科姆森显然是个圈套。他不仅是被排斥在新公司之外，而且由于老公司购买新公司的发动机等产品，新公司则控制着老公司。福特等新公司的股东们只要稍稍提高他们向老公司提供的产品的价格，就能把老公司的利润抽到新公司来，直至老公司无利可图。马尔科姆森自然识破了福特的意

图，但他却错误地另立门户，成立了自己的空中汽车公司。这等于授人以柄，福特立刻指控马尔科姆森不得再继续从福特公司拿到红利来建造一个与之竞争的对手，要求他辞职。经过一番讨价还价，马尔科姆森不得不将他的股票按公司章程出售给福特等其他股东。此事了结之后，福特汽车制造公司并入福特汽车公司。

1916年，福特汽车公司经过十几年的发展，如日中天。福特的雄心也越来越大。他感到创办公司之初入股的那些合伙人越来越多余，他不愿这些人坐享其成。他先是逼迫库兹恩斯辞职，继而通过降低汽车售价、给回扣、实行"5美元工作日"等措施，减少股东

的红利。到 1916 年 8 月，公司的利润积累已达 5 800 万美元，福特却宣布这些钱不发给股东们，而用于新项目的投资。福特的这个决定，对公司长远发展有利，但股东们却不能接受，因为他们更关心眼前的红利。道

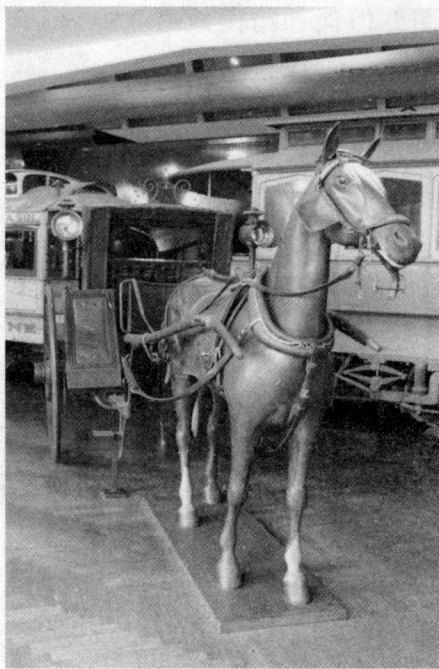

奇兄弟告到法院，福特对此的解释是：他拥有 58.5% 的股份，比道奇兄弟多 6 倍，他受的损害更多。

　　"我认为，我们不应该靠汽车死命地赚钱。""我认为，薄利多销比厚利少销要强得多。我坚持这样的观点，是因为只有这样才能使更多的人购买和享用汽车，同时也为更多的人提供就业机会和优厚的薪金，这是我生活的两个目标。"这是福特早在与道奇兄弟发生争执之前，就已坚持多年的经营哲学。公允地说，在经营方针上福特比狭隘的股东们要高明许多。当然，福特像其他资本家一样想多多赚钱，

尽管他是一名新经济规律的开拓者。事实上，他只是由于偶然的原因，才发现了大量销售的真谛。他的大众车备受欢迎，他的设想取得了成功，但推动他本人不断前进的内在动力，在一定的意义上，应该说还是钱。

随着分歧加深，道奇兄弟等人提出要福特买下他们的股票。他们认为，福特只有全部买下这些股票，他在公司中为所欲为才是公平合理的。福特干脆利落地回绝了道奇兄弟的要求，他不想要更多的股票。福特自有他的老谋深算。他不仅仅想剥夺道奇兄弟和其他股东在公司的发言权，而且还想不花分文地剥夺他们作为所有者的权利。因为他既扣股息又拒绝买下股票，其最终结果是使股票实际上变成废纸。谁也不会花大笔钱购买股息极低且无保障的股票。福特再次演出一场创办"新的大公司"的把戏，消息一宣布，福特汽车公司的股票大跌。福特在背后操纵一些人大杀其价，最后他以大约1.05亿美元买下了另外41.5%的股票。福特囊括了全部福特公司的股票。那些当年以5 000或10 000美元的资金入股的股东们，16年间，每100美元带来的股息是95 000美元，出售股票所得是25万至26万多美元。两项合计，每100美元带来的总利润高达35万美元左右。而福特则获利更巨，因为他的压价伎俩，使他只以实际价格的1/5，便轻而易举地收购了其他股份。至此，据公司为己有的一幕方告剧终。

福特除了在同与自己存在竞争关系的资本家间进行智力较量时表现出的狡诈和倾轧的无情外，福特的公司里还发生过镇压工人反抗的流血事件。这大概该说是资本家的本性和历史局限性共同决定的吧。

1947年4月7日午夜，亨利·福特在家中因脑溢血平静地逝世，享年84岁。10万人吊唁他，向他告别。两万多人冒雨参加了他的葬礼。

人们会永远记住这个给世界装上了轮子的人。

相关链接
XIANGGUAN LIANJIE

福特公司的衰落

2005年福特公司创造了103年的亏损记录，全球业务亏损高达127亿美元，平均每销售一辆车亏损1 925美元。在此背景下，福特家族的第四代传人比尔·福特自动交出执掌了五年的福特公司帅印，黯然离去。有统计显示，在小福特任职期间，裁员7.3万人，股票市值下跌180亿美元。2006年9月，壮志未酬的小福特终于下定决心，钦命从波音公司来的艾伦·穆拉利接替自己担任福特汽车公司的CEO。尽管福特公司仍然控制在福特家族的手中，但是已经今非昔比，公司百病缠身，麻烦不断。在历史上，福特公司也曾经历过巨大的危机，后来都涉险过关。这一次，福特家族的由盛转衰是否已无可挽回？

亨利·福特晚年的时候，福特公司开始走下坡路，公司陷入亏损之中。20世纪40年代，福特已经排在了通用和克莱斯勒的后面。1943年，亨利·福特把在海军中服役的孙子亨利·福特二世召回，令其继承祖业。受过高等教育的福特二世清醒地认识到：要挽救福特公司，就得进行一番彻底的改革。第一步就是延揽人才。经过一番努力，原通用公司副总经理布里奇，后来担任美国国防部长麦克纳马拉和世界银行行长桑顿等10位被誉为"神童"的管理人才，都被他招至麾下。第二步，在这10位"神童"的协助下，亨利·福特二世随后对公司的运行机制进行了改革，公司的面貌焕然一新。改革的第一年，公司就扭亏为盈。经过几年的努力，福特公司终于保住了美国第二大汽车公司的地位。比尔·福特接手，六年时间钱缩水一半。对于福特家族的现有成员来说，光荣与梦想已经成了历史。他们现在需要面对的是一个步履维艰、似乎随时都有可能破产或者被蚕食的企业。

从20世纪80年代后期，福特公司开始和一系列知名的国际汽车公司合作，在国外进行本地化生产。全球扩张把福特带入了最佳的境界。对于福特来说，取代通用汽车而成为全球第一汽车商，似乎是唾手可得了。但从1999年开始，危机再度降临在福特身上。

1999年，雅克斯·纳塞尔被任命为福特的

CEO。同年，比尔·福特——亨利·福特的曾孙成为董事会主席。福特家族给自己挖了个坑，然后在纳塞尔的带领下，迅速跌落坑中。纳塞尔掏出了上百亿资金投资到豪华品牌上，如沃尔沃和陆虎。其他的投资还包括了一些汽车维修企业和因特网公司。这是一次金融上的冒险行为。一些媒体批评纳塞尔偏离业务重点——汽车制造和销售，而将精力过多地放在电子商务、循环利用废料及福特快速服务运作上。到2001年秋天，福特亏损已经高达540亿美元了，纳塞尔不得不黯然离去。随后，比尔·福特临危受命，出任CEO。比尔说："福特的历史上有很多次的艰难险境，我们都一次次地过来了。这一次我们还会渡过难关。"上任之后，比尔提出了详细的福特复兴计划。不过他所进行大刀阔斧的改革给人留下深刻印象的不外乎两点：关闭工厂，大幅裁员。与他的曾祖父和叔父相比，比尔·福特的改革方案实在是缺乏想象力。

2003年，福特百年华诞，10月17日北京之行的新闻发布会上，比尔·福特说："福特不仅仅要庆祝历史，更要创造历史。"福特现在确实在创造历史。在美国市场，福特汽车的市场占有率跌到了15.6%，是该公司从1920年以来的最低市场占有率。其占据的世界第二大汽车制造商的位置，也在今年拱手让给丰田。另外，由于受到亚洲汽车制造商的冲击，福特在欧洲以及亚洲等其他新兴市场开始陷入泥潭，从而使福特公司的整体亏损变得无法避免。福特家族占有公司5%的股份和40%的投票权（B股）。福特家族目前有46位持股成员。2001年比尔·福特接任CEO时，福特家族的B股市值11.4亿美元，不到6年的时间里，这些钱已经缩水了一半多。更糟糕的是，家族过去比较稳定的红利收入现在已经基本上断了。

对于家族企业来说，企业的命运与这个家族的领导者息息相关。对于福特来说，亨利·福特、亨利·福特二世和比尔·福特是三个最关键的家族领导者。他们都经历了企业的辉煌，也都遭遇过困境。亨利·福特缔造了这个伟大的企业，也曾经几乎只手将其毁掉。晚年的老福特被荣誉冲昏了头脑，开始变得独断专行。公司的一切决定都由他一人说了算。这种家长式的领导体制造成公司管理的极度混乱。由于任人唯亲，在公司担任高级职员的500余人中竟没有一名大学毕业生；

设备、厂房陈旧，无人过问技术更新，财务报表像杂货店账本一样原始，没有预决算，甚至早已死亡的职工名字还列在工资单上。在产品更新换代、企业管理上，老福特更是因循守旧、故步自封。在T型车问世的19年里，他一直以这单一的车型维持市场。就在福特公司停滞不前时，通用汽车公司迅速赶超了上来。1928年，福特公司无可奈何地让出了世界汽车销量第一的宝座。1929年，福特在美国汽车市场的占有率为31.3%。到1940年，竟跌至18.9%。当福特公司的发展再次处于高峰时，亨利·福特二世又犯了他祖父曾经犯过的错误，甚至走得更远：专横和猜疑。他认为公司的生产、经营诸环节已经理顺，自己已经"毕业"了，若再留用公司复兴的功臣，他们迟早有一天会"功高盖主"。1960年，他对布里奇说："尼恩尼，我已毕业了。"布里奇很识相，趁机引退，不久就离开了福特公司。为福特公司的兴旺立下汗马功劳的10位"神童"，后来纷纷离去，最后只剩下一人。1968年，福特二世采取突然袭击的办法，把公司里一直干得很好，且很有威望的总经理米勒给解雇了，由被他延揽过来的通用公司副经理诺森接替。诺森在福特公司才上任19个月，也如前任一样，被炒了鱿鱼，由艾科卡取代。然而，艾科卡也遭到了福特二世的猜疑和妒忌，后来被无情地解雇。亨利·福特二世的所作所为给福特带来了巨大的灾难。当时，克莱斯勒正处于困境中，濒临破产的边缘。被福特解雇后第18天，艾科卡被聘为克莱斯勒的总经理，随后几乎凭借一己之力将克莱斯勒起死回生。亨利·福特二世就这样为福特公司造就了一个强大的竞争对手。与曾祖父和叔父比起来，在某些方面，比尔·福特有着与生俱来的优势。他善于倾听，善于抛砖引玉，得到及时的意见和反馈。他全然没有上下级观念，单独会见基层管理人员，有时会不打招呼地参观某条生产线。他总是在公司餐厅里吃午饭，与员工们一道排队。尽管此前他已经在福特公司工作了24年，在18个工种上证实过自己的能力，但他从未坐在公司运营和财务的最高职位上。比尔·福特已经别无选择，重振福特是他的使命。他说："未来是不可选择的。我只想让公司成功，如果我们在路上跌倒了，我将会是哪怕指尖顶地也要坚持下去的那一个。"